Religion und Mythologie

der Maori , illustriert durch Übersetzungen

von Traditionen, Karakia usw., zu denen

Anmerkungen zum Landbesitz der Maori hinzugefügt

werden

Edward Shortland

Writat

Diese Ausgabe erschien im Jahr 2024

ISBN: 9789359940076

Herausgegeben von
Writat
E-Mail: info@writat.com

Inhalt

VORWORT.

Das Maori -MSS. deren Übersetzungen jetzt veröffentlicht sind, wurden vom Autor vor vielen Jahren gesammelt. Die Personen, durch die das MSS. erhalten wurden, leben heute bis auf eine Ausnahme nicht mehr. Sie alle waren Männer von guter Geburt und kompetente Autoritäten. Jemand, der schreiben konnte, schickte mich von Zeit zu Zeit mit MS. solche Informationen, die er selbst besaß oder die er von den *Tohunga* , den weisen Männern seiner Familie, erhalten konnte. Kapitel iii. und iv. enthalten eine Auswahl von Informationen, die aus dieser Quelle stammen.

Da die anderen nicht über ausreichende schriftliche Kenntnisse verfügten, war es notwendig, ihre Informationen aus dem Diktat zu notieren. Dabei wies ich meinen Informanten insbesondere an, seine Geschichte so zu erzählen, als würde er sie seinem eigenen Volk erzählen, und die gleichen Worte zu verwenden, die er verwenden würde, wenn er ihnen ähnliche Geschichten erzählen würde, wenn sie in einem heiligen Haus versammelt wären. Dies tun sie, oder vielleicht sollte ich besser sagen, in Zeiten großer Wetterunruhen, begleitet von Sturm und Regen, in der Angewohnheit, dies zu tun, weil sie glauben, dass dadurch eine Wirkung erzielt wird, die die Geister des Himmels beruhigt.

Während das Diktat weiterging, achtete ich darauf, niemals Fragen zu stellen oder auf andere Weise den Faden zu unterbrechen, in dem ich mich beim Schreiben neuer und seltsamer Wörter vom Klang leiten ließ. Als so einige Zeit vergangen war, unterbrach ich ihn an einer geeigneten Stelle seiner Geschichte, las ihm dann vor, was ich geschrieben hatte, nahm die notwendigen Korrekturen vor und machte mir auch Notizen über die Bedeutung von Wörtern, die mir neu waren. Kapitel v. und vi. sind mit einigen Auslassungen Übersetzungen eines *Maori-* MS. so geschrieben.

Kapitel II. enthält eine Überlieferung der *Maori-* Kosmogonie, die in manchen Details detaillierter ist, als ich sie anderswo jemals getroffen habe. Mein Informant war zum *Tohunga ausgebildet worden* ; war aber später ein bekennender Christ geworden. Die Erzählung fand nachts statt, ohne dass eines seiner Leute wusste, und unter dem Versprechen, dass ich keinem seiner Leute vorlesen würde, was ich schrieb. Als ich nach einigen Jahren Neuseeland erneut besuchte, erfuhr ich, dass er kurz nach meiner Abreise gestorben war und dass sein Tod auf den Zorn der *Atua* seiner Familie zurückzuführen war, weil er, wie sie es ausdrückten, das Land mit Füßen getreten hatte *Tapu , indem er Noa oder öffentliche Dinge heilig* machte — er hatte selbst gestanden, was er zweifellos für die Ursache seiner Krankheit hielt.

Im Anhang finden Sie eine Liste von *Maori-* Wörtern, die Beziehungen ausdrücken. Es ist zu beobachten, dass die *Maori dort, wo wir bestimmte Wörter für „Vater" und „Bruder" verwenden* , Wörter mit einer umfassenderen Bedeutung verwenden, wie unser Wort „Cousin". Wenn also eines der Wörter „ *matua* " usw. verwendet wird, „to". Um den tatsächlichen Grad der Verwandtschaft festzustellen, müssen einige zusätzliche erläuternde Wörter hinzugefügt werden, wie sie bei der Verwendung des allgemeinen Begriffs Cousin erforderlich wären.

Ein kurzer Wortschatz der *Maori-* Wörter, der auf den folgenden Seiten zwangsläufig eingeführt wird und einer Erklärung bedarf, die in keinem veröffentlichten Wörterbuch zu finden ist, ist ebenfalls im Anhang abgedruckt – sowie einige ausgewählte *Karakia* im Original- *Maori* mit Verweis auf Seiten, auf denen Ihre Übersetzungen scheinen für einige Personen von Interesse zu sein.

AUCKLAND, JANUAR 1882.

KAPITEL I.

Arier und Polynesier.

Ν ό μιζε σα υτ ῷ το ὺ ς γονε ῖ ς ε ῖ ν αι Θεο ύ ς .

Das religiöse Gefühl lässt sich auf die natürliche Verehrung des Kindes für die Eltern zurückführen, verbunden mit einem angeborenen Glauben an die Unsterblichkeit der Seele. Was wir über die Urreligion der Arier und Polynesier wissen, weist auf diese Quelle hin. Sie verehrten beide die Geister verstorbener Vorfahren und glaubten, dass diese Geister sich für ihre lebenden Nachkommen interessierten. Darüber hinaus hatten sie Angst vor ihnen und achteten sorgfältig darauf, die von der Tradition überlieferten Gebote zu befolgen, die von ihnen zu Lebzeiten überliefert worden waren.

Die durch den Tod vergöttlichten Seelen der Menschen wurden von den Lateinern „ Lares “ oder „ Mânes “ genannt, von den Griechen „Dämonen“ oder „Helden“. Ihre Gräber waren die Tempel dieser Gottheiten und trugen die Inschrift „ Dîs manibus “, „ Θεο ῖ ς χθον ί οις ;“ und vor dem Grab war ein Opferaltar. Der Begriff, den die Griechen und Römer für die Verehrung der Toten verwendeten, ist bedeutsam. Ersteres verwendete das Wort „πα τρι ά ζειν “, letzteres „ parentare “, was zeigt, dass die Gebete an die Vorfahren gerichtet waren. „Ich siege über meine Feinde“, sagt der Brahmane, „durch die Beschwörungen, die meine Vorfahren und mein Vater mir überliefert haben.“ [1]

Ähnlich war der allgemeine Glaube der *Maori* in Polynesien, der noch immer existiert. Ein *Maori* aus Neuseeland schreibt so: „Der Ursprung des Wissens über unsere einheimischen Bräuche geht auf Tiki (den Stammvater der Menschheit) zurück. Tiki lehrte Gesetze zur Regelung der Arbeit, des Tötens und des Menschenfressens: Von ihm lernten die Menschen zunächst, Gesetze für diese und jene Sache zu befolgen, die Rituale für die Toten, die Anrufung für das neugeborene Kind, für den Kampf im Feld, für den Angriff auf befestigte Orte und andere sehr zahlreiche Anrufungen. Tiki war der erste Lehrer, und von ihm überlieferten wir seine Anweisungen an unsere Vorfahren und haben sie bis heute beibehalten. Aus diesem Grund haben sie Macht. So heißt es im Lied:

E tama , tapu-nui , tapu-whakaharahara ,

Er mauri wehewehe na o tupuna,

Na Tiki, na Rangi , na Papa.

O Kind, sehr heilig – sehr, sehr heilig,

Von deinen Vorfahren ausgesonderter Schrein,

Von Tiki, von Rangi , von Papa."

Die Forschungen von Philologen zeigen tendenziell, dass alle bekannten Sprachen von einer ursprünglichen Mutterquelle abgeleitet sind. Die Muttersprache, von der die arischen und polynesischen Sprachen abgeleitet sind, muss vor sehr langer Zeit gesprochen worden sein; denn keine zwei Sprachformen sind heute vielfältiger als diese beiden. Im Polynesischen gibt es nur die geringste Spur einer Flexion von Wörtern, die ein allgemeines Merkmal arischer Sprachen ist. Die polynesische Sprache scheint eine sehr primitive Form beibehalten zu haben, sie ist fest und stationär geblieben; und dies wird durch die Tatsache bestätigt, dass die Formen der polynesischen Sprache, ob sie nun auf den Sandwichinseln oder in Neuseeland gesprochen werden, obwohl ihre Entfernung voneinander auf eine sehr frühe Trennung hinweist, sich in so geringem Maße unterscheiden, dass sie als alleinig betrachtet werden können verschiedene Dialekte derselben Sprache. Die *Maori*- Sprache ist im Wesentlichen konservativ und enthält in ihrer Struktur keine Prinzipien, die Veränderungen ermöglichen. Die Bestandteile oder Wurzeln von Wörtern sind immer erkennbar.

Wenn wir bedenken, wie weit die Zeit zurückliegt, in der möglicherweise eine Verbindung zwischen Ariern und Polynesiern bestanden haben könnte, kehren wir zur Betrachtung eines sehr primitiven Zustands der Menschheit zurück. In der polynesischen Familie können wir noch Spuren dieses primitiven Zustands entdecken. Wir können auch eine Ähnlichkeit zwischen der älteren Form des religiösen Glaubens und der mythologischen Tradition der Arier und der noch immer unter Polynesiern bestehenden Form beobachten; Aus diesem Grund halten wir es für zulässig, den Grundsatz, den wir entdecken, um uns hinsichtlich der Bedeutung der polynesischen Mythologie zu leiten, auf die Interpretation alter arischer Mythen anzuwenden.

herrschte die Meinung vor, dass die heidnischen Gottheiten vergöttlichte Menschen darstellten. Andere betrachten sie als Symbol für die Kräfte der äußeren Natur in Person. Für andere sind sie in vielen Fällen Nachahmungen menschlicher Leidenschaften und Neigungen, die sich im menschlichen Geist widerspiegeln. Eine vierte Art der Interpretation würde sie als verzerrte und verdorbene Kopien eines primitiven Religionssystems behandeln, das Gott den Menschen gegeben hat. [2]

Der Autor äußert sich nicht dazu, welcher dieser Theorien er den Vorzug geben würde. Wenn wir jedoch die Mythologie der griechischen und lateinischen Arier aus der Sicht der *Maori* betrachten, ist die Erklärung ihrer Mythen einfach.

Diese Mythologie personifizierte und vergötterte die Kräfte der Natur und stellte sie als die Vorfahren der gesamten Menschheit dar; Daher wurden diese personifizierten Naturkräfte als vergöttlichte Vorfahren verehrt. Für andere Annahmen gibt es keine Autorität. Im Hinblick auf die beiden letztgenannten Theorien, auf die oben Bezug genommen wurde, kann angemerkt werden, dass Fiktion immer dazu neigt, in einer Weise interpretiert zu werden, die den zu einem bestimmten Zeitpunkt vorherrschenden Ideen entspricht, so dass es in der Neuzeit eine natürliche Tendenz zur Anwendung geben würde Bedeutungen, an die ursprünglich nie gedacht wurde, für die Interpretation der Mythologie. In frühen Tagen formulierte der Mensch, der die Ursachen von Naturphänomenen nicht kannte, aber dennoch neugierig war, die beobachteten Wirkungen zu erforschen und auf eine Ursache zurückzuführen, seine Vorstellungen auf imaginären Grundlagen, die zwar inzwischen offensichtlich falsch und absurd waren, aber wahrscheinlich hinreichend glaubwürdig waren die Anfänge des Wissens.

Es gibt einen bemerkenswerten Geisteszustand des Polynesiers, auf den wir aufmerksam machen möchten. Die *Maori* haben eine sehr begrenzte Vorstellung vom Abstrakten. Alle seine Ideen nehmen natürlich eine konkrete Form an. Es wird angenommen, dass diese Unfähigkeit, sich abstrakte Vorstellungen vorzustellen, die frühe geistige Verfassung des Menschen war. Daher betrachtete er die Kräfte der Natur als konkrete Objekte und bezeichnete sie folglich als Personen. Und diese Meinung wird durch die Tatsache bestätigt, dass die Forschungen vergleichender Philologen beweisen, dass alle Wörter ihrem Ursprung oder ihren Wurzeln nach Ausdruck sichtbarer und sinnlicher Phänomene sind3 und dass folglich alle abstrakten Wörter aus solchen Wurzeln abgeleitet werden können. Auch das Fehlen aller abstrakten und metaphysischen Ideen bei Homer wurde von Herrn Gladstone als sehr bemerkenswert festgestellt.

Ich habe in gedruckter Form gelesen, dass der Neuseeländer kein Gefühl der Dankbarkeit empfindet; Als Beweis dafür wurde erwähnt, dass er in seiner Sprache kein Wort hat, um Dankbarkeit auszudrücken. Das ist wahr; Aber der Grund dafür ist, dass Dankbarkeit ein abstraktes Wort ist und dass es *den Maori* an abstrakten Begriffen mangelt. Es ist ein Fehler, daraus zu schließen, dass er das Gefühl der Dankbarkeit nicht kennt oder dass er nicht in der Lage ist, dieses Gefühl in angemessenen und verständlichen Worten auszudrücken.

Arische MYTHOLOGIE.

Die Arier scheinen keine Schöpfungstradition gehabt zu haben. Sie scheinen die Kräfte der Natur ganz ähnlich verstanden zu haben wie die *Maori* tat, nämlich dass die geheimnisvolle Kraft der Zeugung die wirksame Ursache aller Dinge war.

Hesiod berichtet in seiner Theogonie, dass der Urvater aller Dinge das Chaos war.

Aus dem Chaos entsprangen Gaia (=Erde), Tartarus, Eros (=Liebe), Erebus, ein dunkler Sohn, Nacht, eine dunkle Tochter und schließlich der Tag.

Allein aus Gaia entstanden Ouranos (=Himmel), Hügel, Haine und Thalassa (=Meer).

Aus Himmel und Erde entsprangen Okeanos (=Ozean), Japetus , Kronos (=Saturn), Titanen.

Hesiod erzählt auch, wie der Himmel seine Kinder in den dunklen Höhlen der Erde einsperrte und wie Kronos sich rächte.

In den „Werken und Tagen" berichtet Hesiod über die Entstehung der ersten menschlichen Frau auf der Erde, aus deren Vereinigung mit Epimetheus, dem Sohn des Titanen Japetus , die Menschheit hervorging.

Bisher kann Hesiods Bericht aus arischen Mythen abgeleitet werden. Der letzte und größere Teil von Hesiods Theogonie kann jedoch nicht als rein arische Tradition akzeptiert werden; Denn Kolonisten aus Ägypten und Phönizien hatten sich schon früh in Griechenland niedergelassen und neben der antiken Familienreligion der Ahnenverehrung fremde mythische Fabeln mitgebracht, die in abgewandelter Form übernommen wurden.

Herodot behauptet, Homer und Hesiod hätten die Theogonie der Griechen geschaffen; und bis zu einem gewissen Grad mag dies wahr sein, denn der Barde war damals mit einer Art Heiligkeit ausgestattet und das, was er sang, wurde für die Wirkung einer Inspiration gehalten. Als er die Musen anrief , war seine Anrufung nicht nur eine formale Aneinanderreihung von Worten, die der Zierde dienten, sondern ein Akt der Hommage an die angesprochenen Gottheiten, deren Hilfe er erbat. [4]

Bœotien vorherrschenden Traditionen waren natürlich stark von Fabeln ausländischer Herkunft durchdrungen; und Hesiod, der von Geburt an Böotianer war, trug zweifellos ebenso wie Homer dazu bei, eine nationale Religionsform zu etablieren, die aus alten arischen Traditionen und Traditionen bestand, indem er diese lokalen Traditionen sammelte und sie der Öffentlichkeit in attraktiver Form präsentierte was von phönizischen und ägyptischen Kolonisten importiert worden war .

So bildeten Zeus und die anderen olympischen Gottheiten das Zentrum eines nationalen religiösen Systems; aber gleichzeitig behielt die alte arische Religion der Ahnenverehrung einen überragenden Einfluss, und jeder Stamm und jede Familie hatte ihre eigene Form der Ahnenverehrung. Das Gebet des Sohnes des Achilles, als er Polyxena den Mähnen seines Vaters opferte, ist ein eindrucksvolles Beispiel für den vorherrschenden Glauben, dass die vergöttlichten Geister der Vorfahren die Macht hatten, das Schicksal der Lebenden zu beeinflussen.

„O Sohn des Peleus, mein Vater, empfange von mir dieses Trankopfer, das die Toten besänftigt und verführt. Komm nun, dass du das schwarze, reine Blut einer Jungfrau trinken kannst, das wir dir geben – sowohl ich als auch die Armee. Und seien Sie freundlich zu uns und gestatten Sie uns, die Hecke unserer Schiffe und die Kabel, die an der Küste befestigt sind, zu lösen und alle mit einer glücklichen Rückkehr aus Ilium nach Hause zu kommen." [5]

Euripides hätte diese Worte dem Sohn des Achilleus nicht in den Mund gelegt, wenn sie nicht mit der Sympathie eines athenischen Publikums übereinstimmten.

Vergleicht man die griechischen mythologischen Überlieferungen, wie sie uns überliefert sind, mit denen der *Maori* , so fällt eine bemerkenswerte Ähnlichkeit auf. Erstens ist da die Tatsache, dass beide die Elemente der Natur und abstrakte Vorstellungen als Personen behandeln, die in der Lage sind, sich von Generation zu Generation voneinander fortzupflanzen. In beiden entspringt Licht der Dunkelheit. Die Söhne des Himmels und der Erde in beiden Berichten verschwören sich aus demselben Grund gegen ihren Vater – weil ihr Vater sie in der Dunkelheit eingesperrt hatte. Und schließlich soll in beiden Fällen die erste menschliche Frau aus Erde geformt worden sein. Die erste Frau in der *Maori-* Mythologie schleppt ihre Nachkommen nach Po (=Nacht), was übersetzt „in den Tod" bedeutet. Und die erste Frau der griechischen Mythologie, Pandora , führt alle Arten von Leiden als Erbe für sie ein.

Es ist auch zu beachten, dass ebenso wie Zeus und die olympischen Götter nationale Gottheiten für die Griechen waren, so wurden ihre alten mythischen Gottheiten – Po, Rangi , Papa, Tiki usw. – von der gesamten *Maori-* Rasse gleichermaßen angerufen, insbesondere in den Zeremonien erforderlich, um eine Person von den heiligen Beschränkungen zu befreien, die unter dem Begriff *Tapu zusammengefasst sind* . Sie waren die Nationalgötter *der Maori , denn sie waren ihre gemeinsamen Vorfahren.* Aber gleichzeitig berief sich jeder *Maori-* Stamm und jede Maori-Familie unabhängig voneinander auf ihre eigenen Stammes- und Familienvorfahren, genau wie es bei den Griechen und Lateinern üblich war.

KAPITEL II.

MAORI-Kosmogonie und Mythologie.

Ein Quoquam Genitos nisi Cœlo credere fas Europäische Sommerzeit

Esse homines .- *Manilius* .

Die *Maori* hatten keine Tradition der Schöpfung. Die große geheimnisvolle Ursache aller im Kosmos existierenden Dinge war, wie er es sich vorstellte, die zeugende Kraft. Ausgehend von einem primitiven Zustand der Dunkelheit stellte er sich Po (=Nacht) als eine Person vor, die in der Lage ist, eine Rasse von Wesen zu zeugen, die ihm selbst ähneln. Nach einer Abfolge mehrerer Generationen der Po-Rasse wurde Te Ata (=Morn) geboren. Dann folgten bestimmte Wesen, die existierten, als der Kosmos formlos und leer war. Danach kamen Rangi (=Himmel), Papa (=Erde), die Winde und andere Himmelsmächte, wie sie in den bis heute erhaltenen genealogischen Traditionen aufgezeichnet sind.

Wir haben Grund zu der Annahme, dass die mythologischen Traditionen der *Maori* aus einer sehr antiken Zeit stammen. Sie gelten als sehr heilig und dürfen nur an Orten wiederholt werden, die als heilig gelten.

Die im Folgenden aufgezeichneten Genealogien lassen sich in drei verschiedene Epochen unterteilen:

1. Das, was die personifizierten Kräfte der Natur umfasst, die der Existenz des Menschen vorausgingen, wobei diese Kräfte von den *Maori* als ihre eigenen primitiven Vorfahren angesehen werden und in ihrem *Karakia* von der gesamten *Maori*- Rasse angerufen werden; denn wir finden die Namen Rangi , Rongo , Tangaroa usw., die als *Atua* oder Götter der *Maori* der Sandwichinseln und anderer von derselben Rasse bewohnter Inseln des Pazifiks erwähnt werden. Die gemeinsame Verehrung dieser primitiven *Atua* bildete die Nationalreligion der Maori .

2. Darüber hinaus hatten die *Maori* eine für jeden Stamm und jede Familie eigene religiöse Verehrung in Form von *Karakia* oder Anrufungen, die an die Geister verstorbener Vorfahren ihrer eigenen Abstammungslinie gerichtet waren.

Ahnengeister, die vor der Migration nach Neuseeland im Fleisch gelebt hatten, wurden von allen Stämmen Neuseelands, sofern ihre Namen erhalten blieben, in ihren traditionellen Aufzeichnungen als mächtige Geister angerufen.

3. Von der Zeit der Migration nach Neuseeland an richtete jeder Stamm und jede Familie ihre Anrufungen zusätzlich an ihre eigene Vorfahrenlinie – und so entstand zusätzlich zur Nationalreligion ein familiärer religiöser Kult.

Der Grund für die Erhaltung ihrer Genealogien wird verständlich, wenn wir bedenken, dass sie oft die Grundlage ihrer religiösen Formeln bildeten und dass ein Fehler oder sogar Zögern bei der Wiederholung einer *Karakia* als schädlich für ihre Wirksamkeit angesehen wurde.

In den Formen von *Karakia*, die an die Geister der Vorfahren gerichtet sind, sind die abschließenden Worte im Allgemeinen eine Bitte an die *Atua*, *die angerufen wird, um der Karakia* Kraft oder Wirkung zu verleihen, wie sie durch die *Tipua*, die *Pukenga* und die abgeleitet ist *Wananga* und so absteigend zum lebenden *Tauira*.

MAORI-Kosmogonie.

Befugnisse | Te Po (=Die Nacht).

von | Te Potoki (=hängende Nacht).

Nacht | Te Poterea (=treibende Nacht).

und | Te Po- whawha (=stöhnende Nacht).

Dunkelheit. | Hine- ruakimoe .

| Te Po.

Befugnisse | Te Ata (=Der Morgen).

von | Te Ao-tu-roa (=Der bleibende Tag).

Licht. | Te Ao-marama (=heller Tag).

| Whaitua (=Leerzeichen).

Befugnisse | Te Kore (=Die Leere).

von | Te Kore- tuatahi .

Kosmos | Te Kore- tuarua .

ohne | Korenui . _

Formular | Korea . _

und | Kore-para.

Leere. | Korewhia . _

| Korea- rawea .

| Kore -te - tamaua (=Leere schnell gebunden).

| Te Mangu (=der Schwarze) sc. Erebus.

Aus der Vereinigung von Te Mangu hatte mit Mahorahora - nui -a- Rangi (=Die große Weite von Rangi) vier Kinder:

1.   Toko-mua (=ältere Stütze).

2.   Toko -roto (=mittlere Stütze).

3.   Toko -pa (=letzte Requisite).

4.   Rangi-potiki (=Kind Rangi).

Genealogische Abstammung von TOKO-MUA.

| Tu- awhio - nuku (=Tu des Wirbelsturms).

| Tu- awhio - rangi .

Befugnisse | Paroro -Tee (=weißer Skud).

von | Hau-tuia (=durchdringender Wind).

Die Luft, | Hau-ngangana (stürmischer Wind).

Winde. | Ngana .

| Ngana-nui .

| Ngana-roa .

| Ngana-ruru .

| Ngana-mawaki .

| Tapa- Huru -Kiwi.

| Tapa- huru - manu .

| ⁶Tiki.

Mensch | Tiki- te - pou-mua (Der 1. Mann).

Wesen | Tiki- te - pou -roto.

beginnen | Tiki- haohao .

zu | Tiki-ahu-papa.

existieren. | Te Papa- tutira .

| Ngai.

| Ngai- nui .

| Ngairoa . _

| Ngai- peha .

| Te Atitutu .

| Te Ati-hapai .

| ⌐Toi - te - huatahi .

| Rauru .

| Rutana .

     | Whatonga .

| Apa-apa .

| Taha-titi.

| Ruatapu .

| Rakeora .

| Tama -ki- te - ra.

| Rongo -maru-a- whatu .

| Rere .

| Tăta =

| |________________

| |

| Wakaotirangi . Rongokako .

| Hotumatapu . Tamatea.

| Motai. ⁸Kahu- hunu .

| Ue .

| Raka .

| Kakati .

| Tawhao .

| Turongo .

| Raukawa.

| Wakatere .

| Taki- hiku .

| Tama-te-hura .

| Tuitao . _

| Hae .

| Nga- tokowaru .

    | Huia .

| Korouaputa = Rakumia (f.).

_______________|_____________________

| |

Pare- wahawaha = Te Rangipumamao   Parekohatu =

(f.) | |

_________|_________|

| |

  Tihao = TE RAUPARAHA .

___|______________________

| |

  Te Whata-nui = Kotia (f.) =

______| |

| TE NGARARA .

  Tutaki =

___|

|

HINEMATIORO .

GENEALOGISCHER ABSTIEG VON TOKO-ROTO.

| Rangi-nui .

| Rangi-roa .

| Rangi-pouri .

| Rangi-Potango .

Befugnisse | Rangi - whetu -ma.

des | Rangi-whekere .

Himmel. | Ao-nui .

| Ao-roa .

| Ao-tara .

| Urupa .

| Höhoe .

| Puhaorangi (f.).

Nach der Geburt von Rauru , dem Sohn von Toite - huatahi und Kuraemonoa , kam Puhaorangi vom Himmel herab und entführte Kuraemonoa , um seine eigene Frau zu werden, während Toi nicht zu Hause beim Fischen war . Aus dieser Verbindung gebar sie vier Kinder :

1. Ohomairangi .

2. Tawhirioho .

3. Ohotaretare .

4. Ohomata - kamokamo .

Von Ohomairangi abgestiegen:—

| Muturangi .

| Taunga .

| Tuamatua .

Zeit von | Houmaitahiti .

Migration | Tama-te-kapua .

von | Kahu.

Hawaiki. | Tawaki .

| Uenuku .

| Rangitihi .

| Ratorua .

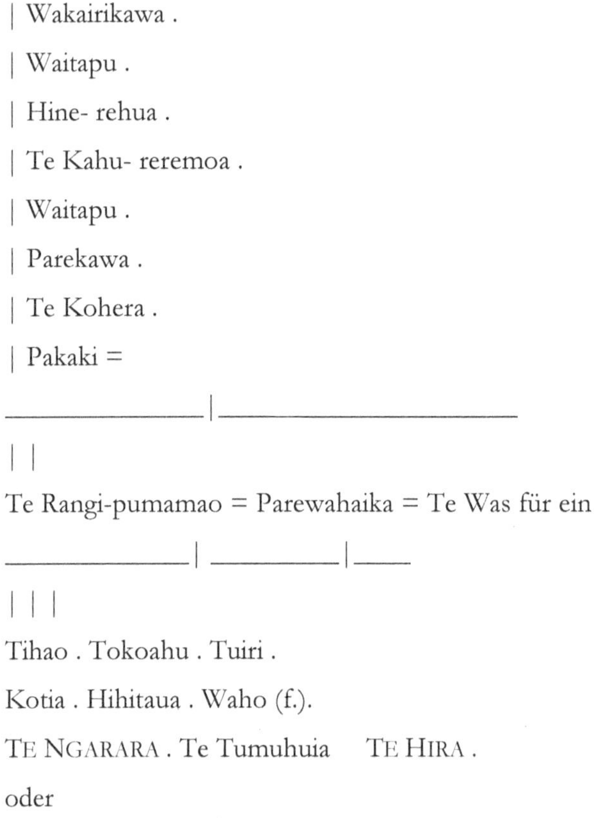

| Wakairikawa .

| Waitapu .

| Hine- rehua .

| Te Kahu- reremoa .

| Waitapu .

| Parekawa .

| Te Kohera .

| Pakaki =

_____________|_____________

| |

Te Rangi-pumamao = Parewahaika = Te Was für ein

___________| _______|____

| | |

Tihao . Tokoahu . Tuiri .

Kotia . Hihitaua . Waho (f.).

Te Ngarara . Te Tumuhuia   Te Hira .

oder

Taraia .

Genealogische Abstammung von TOKO-PA.

Kohu (=Nebel) war das Kind von Tokopa .

Kohu heiratete Te Ika-roa (=Die Milchstraße) und gebar Nga Whetu (=Die Sterne).

GENEALOGISCHER ABSTIEG VON RANGI-POTIKI.

Rangi-potiki hatte drei Frauen, die erste war Hine-ahu-papa; von ihr stieg ab: —

| Tu - nuku .

Himmel | Tu - rangi .

Befugnisse. | Tama -i-koropao .

| Haronga .

Haronga heiratete Tongo- tongo . Ihre Kinder waren ein Sohn und eine Tochter, Te Ra (=Die Sonne) und Marama (=Der Mond). Als Haronga bemerkte, dass es für seine Tochter Marama kein Licht gab , gab er Te Kohu in der Ehe mit Te Ikaroa und die Sterne wurden geboren, um der Schwester von Te Ra, dem Kind von Tongo- tongo, Licht zu spenden . „ *Nga tokorua a Tongotongo* " (=die beiden Kinder von Tongotongo) ist heute eine sprichwörtliche Bezeichnung für Sonne und Mond.

Rangi-potikis zweite Frau war Papatuanuku . Sie gebar folgende Kinder:

Rehua (ein Stern).

Rongo .

Tangaroa.

Tahu .

Punga und Here, Zwillinge.

Hua und Ari, tun.

 Nukumera   } Zwillinge.

Rango- maraeroa }

Marere -o- tonga } Tun.

Takataka-putea }

Tu- matauenga   } Tun.

Tu- potiki   }

RONGO war *Atua* der *Kumara* .

TANGAROA war der Vorfahre des Fisches und des *Pounamu* , *der von den Maori* den Fischen zugeordnet wird . Tangaroa nahm Te Anumatao (=die kühle Kälte) zur Frau : woraus die Verbindung hervorging .

Alle | Te Whata - uira -a- tangaroa .

des | Te Whatukura .

Fisch | Poutini .

Klasse. | Te Pounamu.

TAHU war *Atua* und leitete Frieden und Feste.

PUNGA war der Vorfahre der Eidechse, des Hais und unliebsamer Kreaturen: daher das Sprichwort „ *aitanga -a-Punga* “ (=Kind von Punga), um einen hässlichen Kerl zu bezeichnen.

TUMATAUENGA war der Kriegsgott DER *Maori* .

Rangi-potikis dritte Frau war Papa (=Erde). Tangaroa wurde beschuldigt, mit Papa Ehebruch begangen zu haben, und Rangipotiki machte sich mit seinem Speer bewaffnet auf den Weg, um Genugtuung zu erlangen. Er fand Tangaroa an der Tür seines Hauses sitzend, und als er Rangi auf sich zukommen sah, begann er das folgende *Karakia* und schlug sich gleichzeitig mit der linken Hand auf die rechte Schulter:

Tangaroa, Tangaroa,

Tangaroa, entwirre;

Entwirre das Gewirr,

Entwirren, aufdrehen.

Obwohl Rangi weit entfernt ist,

Er ist zu erreichen.

Etwas Dunkelheit für oben,

Etwas Licht für unten

Geben Sie frei

Für den hellen Tag [2]

Diese Anrufung von Tangaroa war kaum zu Ende, als Rangi einen Stoß auf ihn ausführte. Tangaroa wehrte es ab und es verfehlte ihn. Dann stieß Tangaroa auf Rangi zu und durchbohrte ihn bis zum Oberschenkel, sodass er fiel.

Während Rangi verwundet lag, zeugte er sein Kind Kueo (=Feucht). Der Grund für diesen Namen war, dass Rangi seine Couch nass machte, während er krank lag und an seiner Wunde litt. Nach Kueo zeugte er Mimi-ahi, so genannt, weil er am Kamin Wasser machte. Als nächstes zeugte er Tane-tuturi (=Tane mit geraden Beinen), so genannt, weil Rangi nun seine Beine ausstrecken konnte. Danach zeugte er Tane- pepeki (=Tane mit gebeugten Beinen), so genannt, weil Rangi mit gebeugten Knien sitzen konnte. Das nächste Kind war Tane- ua -tika (=Tane mit geradem Hals), denn Rangis Hals war jetzt gerade und er konnte seinen Kopf hochhalten. Das nächste geborene Kind wurde Tane-ua-ha [10] (=Tane mit starkem Hals) genannt, da

Rangis Hals stark war. Dann wurde Tane- te - waiora (=lebhaftes Tane) geboren, so genannt, weil Rangi ziemlich genesen war. Dann wurde Tanenui -a- Rangi (=Tane, großer Sohn von Rangi) geboren. Und zuletzt wurde Paea geboren, eine Tochter. Sie war das letzte von Rangis Kindern. Mit Paea endeten sie, daher wurde sie Paea genannt, was „geschlossen" bedeutet.

Einige Zeit nach der Geburt dieser Kinder kam Tanenui-a-Rangi der Gedanke, ihren Vater von ihnen zu trennen. Tane hatte das Licht der Sonne unter Rangis Achsel scheinen sehen; Also beriet er mit seinen älteren Brüdern, was sie tun sollten. Sie alle sagten: „Lasst uns unseren Vater töten, denn er hat uns in der Dunkelheit eingeschlossen, und lasst uns unsere Mutter für unsere Eltern verlassen." Aber Tane riet: „Lasst uns unseren Vater nicht töten, sondern lasst uns ihn hochheben, damit es Licht gibt." Dem stimmten sie zu; Also bereiteten sie Seile vor, und als Rangi tief und fest schlief, rollten sie ihn auf den Seilen herum, und Paea nahm ihn auf den Rücken. Außerdem wurden zwei Stützen unter Rangi platziert. Die Namen der Requisiten waren Tokohurunuku und Tokohururangi. Dann hoben sie ihn mit Hilfe dieser beiden Stützen hoch und stießen ihn nach oben. Dann verabschiedete sich Papa so von Rangi.

„ Haera ra , e Rangi , ē! ko te wehenga Taua Ich bin ein Rangi . "

„Geh, oh Rangi, leider! für meine Trennung von Rangi."

Und Rangi antwortete von oben:

„ Heikona ra , e Papa, ē! ko te wehenga Taua Ich bin ein Papa. "

„Bleib dort, oh Papa. Ach! für meine Trennung von Papa."

Also Rangi wohnte oben und Tane und seine Brüder wohnten unten bei ihrer Mutter Papa.

Einige Zeit später wünschte sich Tane, seine Mutter Papa zur Frau zu haben. Aber Papa sagte: „Wende deine Neigung nicht auf mich, denn das Böse wird über dich kommen." Geh zu deinem Vorfahren Mumuhango. Also nahm Tane Mumuhango zur Frau, die den *Totara -Baum* hervorbrachte. Tane kehrte unzufrieden zu seiner Mutter zurück und diese sagte: „Geh zu deiner Vorfahrin Hine- tu -a- maunga (=der Bergmagd)." Also nahm Tane Hine- tu -a- maunga zur Frau, die schwanger wurde, aber kein Kind zur Welt brachte. Ihr Nachwuchs war das rostige Wasser der Berge und die in den Bergen verbreiteten Monsterreptilien. Tane war unzufrieden und kehrte zu seiner Mutter zurück. Papa sagte zu ihm: „Geh zu deinem Vorfahren Rangahore."

Also ging Tane und nahm die Frau zur Frau, die Stein hervorbrachte. Dies missfiel Tane sehr, der wieder zu Papa zurückkehrte. Dann sagte Papa: „Geh zu deinem Vorfahren Ngaore (=der Zarte)." Tane nahm Ngaore zur Frau. Und Ngaore brachte den *Toetoe* (eine Binsengrasart) zur Welt. Tane kehrte verärgert zu seiner Mutter zurück. Als nächstes riet sie ihm: „Geh zu deinem Vorfahren Pakoti ." Tane tat, was ihm geboten wurde, aber Pakoti brachte nur hervor *Harakeke* (=Phormium Tenax). Tane hatte auf Wunsch seiner Mutter viele andere Frauen, aber keine gefiel ihm, und sein Herz war sehr betrübt, weil kein Kind geboren wurde, um einen Menschen zur Welt zu bringen; Also wandte er sich an seine Mutter : „ Alte Dame, es wird nie Nachkommen für mich geben." Daraufhin sagte Papa: „Geh zu deinem Vorfahren, Ozean, der dort in der Ferne murrt. Wenn du den Strand von Kura-waka erreichst, sammle die Erde in Menschengestalt ein." Also ging Tane und kratzte die Erde in Kura-waka auf. Er sammelte die Erde auf, der Körper wurde geformt, und dann der Kopf und die Arme; Dann legte er die Beine an und klopfte die Oberfläche des Bauches ab, um die Form eines Menschen zu erhalten. Und als er dies getan hatte, kehrte er zu seiner Mutter zurück und sagte: „Der ganze Körper des Mannes ist fertig." Daraufhin sagte seine Mutter: „Geh zu deiner Vorfahrin Mauhi , sie wird dir das *Raho* geben . " [11] Geh zu deiner Vorfahrin Whete , sie wird dir das *Timutimu geben* . [11] Gehe zu deiner Vorfahrin Taua -kite - marangai , sie wird dir das *Paraheka geben* . [11] Gehe zu deiner Vorfahrin Pungaheko , sie hat den *Huruhuru* ." Also ging Tane zu diesen weiblichen Vorfahren, die ihm die gewünschten Dinge gaben. Dann ging er nach Kura-waka. Katahi ka whakanoho u.a ich nga raho ki roto i nga kuwha o te Wahine ich Hanga Kite One : Ka -Mau -Ära. Muri atu ka whakanoho Ich kote _ timutimu n / A Weiß ich homai ki waenga ich nga Raho ; muri atu ko te paraheka n / A Taua -ki- te - marangai ich homai ka whakanoho ki te take o te timutimu : muri iho ko te huruhuru n / A Pungaheko ich homai ka whakanoho ki runga ich Du kotzst. Ka oti , katahi ka tapa ko Hineahuone . Dann nannte er diese weibliche Form Hine-ahu-one (=Die von der Erde geformte Magd).

Tane nahm Hine-ahu-one zur Frau. Sie gebar zuerst Tikitohua – das Ei eines Vogels, aus dem alle Vögel der Lüfte hervorgegangen sind. Danach wurde Tikikapakapa geboren – eine Frau. Dann wurde zunächst für Tane ein menschliches Kind geboren. Tane kümmerte sich sehr um Tiki- kapakapa und als sie erwachsen wurde, gab er ihr einen neuen Namen, Hine-a- tauira (=die Mustermagd). Dann nahm er sie zur Frau und sie gebar ein weibliches Kind namens Hinetitamauri .

Eines Tages sagte Hine-a- tauira zu Tane: „Wer ist mein Vater?" Tane lachte. Ein zweites Mal stellte Hine-a- tauira dieselbe Frage. Dann machte Tane ein Zeichen: [12] Und die Frau verstand, und ihr Herz wurde finster, und sie gab sich der Trauer hin und floh nach Rikiriki und nach Naonao , nach Rekoreko

, nach Waewae - te -Po und nach Po. [13] Die Frau floh mit gesenktem Kopf davon. [14] Dann nahm sie den Namen Hine-nui-te-Po (=große Frau der Nacht) an. Ihre Abschiedsworte an Tane waren : „ Bleib, oh Tane, um unseren Nachwuchs zum Tag hochzuziehen; während ich nach unten gehe, um unseren Nachwuchs in die Nacht hinunterzuziehen." [15]

Tane trauerte um seine Tochter-Frau und schätzte seine Tochter Hinetitamauri ; und als sie erwachsen war, gab er sie Tiki zur Frau, und ihr erstgeborenes Kind war Tiki-te-pou-mua. [16]

Die folgende Erzählung ist eine Fortsetzung der Geschichte von Hinenuitepo aus einer anderen Quelle:

Nachdem Hinenuitepo zu ihren Vorfahren in die Reiche der Nacht geflohen war, gebar sie Te Poriuri (=Der Dunkle) und Te Potangotango (=Der ganz Dunkle) und anschließend Parekoritawa , der heiratete Tawaki , einer aus der Rasse der Rangi . Daher das Sprichwort, wenn der Himmel mit kleinen Wolken bedeckt ist: „ *Parekoritawa bestellt ihren Garten.*" „Als Tawaki mit Parekoritawa in den Himmel stieg , wiederholte er dieses *Karakia* :

Steige auf, oh Tawaki , auf dem schmalen Pfad,

Dadurch wurde der Weg von Rangi beschritten;

Der Weg von Tu-kai - te - uru .

Der schmale Pfad ist erklommen,

Der breite Weg ist erklommen,

Der Weg, dem gefolgt wurde

Deine Vorfahren, Te Aonui ,

Te Ao-roa ,

Te Ao-whititera .

Jetzt steigst du auf

Zu deinem *Ihi* ,

Zu deinem *Mana* ,

An die Tausenden oben,

Zu deinem *Ariki* ,

Zu eurem *Tapairu* ,

Zu deinem *Pukenga* ,

Zu deinem *Wananga*,

Zu deiner *Tauira*.

Als Tawaki und Parekoritawa in den Himmel stiegen, hinterließen sie ein Zeichen – eine schwarze Motte – ein Zeichen des sterblichen Körpers.

Pare gebar Uenuku (=Regenbogen). Danach brachte sie Whatitiri (=Donner) hervor . Daher der Regenbogen am Himmel und der Donnerschlag.

KAPITEL III.

RELIGIÖSE RITEN DER MAORI.

Ἀ λλ ' ἄ γε δ ή τιν α μ ά ντιν ἐ ρε ί ομε ν .- Hom . Il. 1-62.

Die religiösen Riten und Zeremonien der *Maori waren seltsam und komplex und müssen eine schwere Belastung gewesen sein, wie aus den auf diesen Seiten enthaltenen Übersetzungen der Maori-* Erzählungen zu solchen Themen hervorgeht . Um diese Übersetzungen für den Leser verständlicher zu machen, wird nun zur Erläuterung ein kurzer Überblick über das Thema gegeben.

Die betrachteten religiösen Riten stehen in unmittelbarem Zusammenhang mit bestimmten Gesetzen, die sich auf *Tapu* oder heilige und verbotene Dinge beziehen, wobei der Verstoß gegen diese Gesetze durch irgendjemanden ein Verbrechen darstellt, das den *Atua* seiner Familie missfällt. Alles, *was aus Tapu besteht,* darf nicht mit Gefäßen oder Orten in Berührung kommen, an denen Lebensmittel aufbewahrt werden. Dieses Gesetz ist absolut. Sollte ein solcher Kontakt stattfinden, wird das Essen, das Gefäß oder der Ort zu *Tapu* , und nur wenige sehr heilige Personen, selbst *Tapu* , wagen es, diese Dinge zu berühren.

Die Idee, aus der dieses Gesetz entstand, scheint gewesen zu sein, dass ein Teil der heiligen Essenz eines *Atua* oder einer heiligen Person direkt auf Objekte übertragen werden konnte, die sie berührten, und dass die Heiligkeit, die auf diese Weise auf jedes Objekt übertragen wurde, auch später übertragen werden konnte mehr oder weniger auf alles andere übertragen, was damit in Kontakt kommt. Daher war es notwendig, dass alles, was die heilige Essenz eines *Atua enthielt, zu Tapu* gemacht wurde , um es vor Verschmutzung durch den Kontakt mit Lebensmitteln zu schützen, die zum Verzehr bestimmt waren . denn der Akt des Essens von Nahrungsmitteln, die irgendetwas *mit Tapu berührt hatten* , beinhaltete die Notwendigkeit, die Heiligkeit des *Atua zu essen* , von dem es seine Heiligkeit erhielt.

Zusammenhang mit einem solchen Glaubenssystem gestanden haben muss . Einen Feind zu essen war die größte Erniedrigung, der er ausgesetzt werden konnte, und so muss es als Gotteslästerung angesehen worden sein, etwas zu essen, das einen Partikel göttlicher Essenz enthielt.

Alles, was nicht zur Klasse *Tapu gehörte, wurde Noa* genannt , was „frei“ oder „gemeinsam“ bedeutet. Dinge und Personen konnten jedoch durch bestimmte Zeremonien zu Noa gemacht werden, deren Ziel darin bestand, die Tapu-Essenz zu extrahieren *und sie* an *die* Quelle zurückzugeben, aus der sie ursprünglich stammte. Es wurde bereits erwähnt, dass jeder Stamm und jede Familie ihre eigenen besonderen *Atua* hat . Die *Ariki* , oder Familienoberhäupter, sowohl in männlicher als auch in weiblicher Linie, werden von ihrer eigenen Familie mit einer Verehrung betrachtet, die der ihrer *Atua fast gleichkommt* . [17]—Sie bilden gewissermaßen die Verbindungsglieder zwischen den Lebenden und den Geistern der Toten; und die Zeremonien, die für die Befreiung von irgendetwas aus dem *Tapu-*Zustand erforderlich sind, können ohne ihr Eingreifen nicht perfektioniert werden.

Als ich eines Abends in einer *Maori-* Siedlung ankam, erfuhr ich, dass am Morgen eine Zeremonie stattfinden sollte, an der offenbar alle großes Interesse zeigten. Die Einwohner waren größtenteils bekennende Christen, und der alte heilige Ort der Siedlung lag aufgrund der Zunahme ihrer Zahl ungünstig in der Nähe ihrer Häuser; ein Teil davon musste daher dem *Pa hinzugefügt werden* . Ich war gespannt, auf welche Weise das benötigte Land geschaffen werden *würde* . Als ich am Morgen den Ort betrat, fand ich eine zahlreiche Versammlung vor, während in der Mitte des Raumes ein großer einheimischer Ofen stand, aus dem Frauen die Erde und Mattenbeläge entfernten. Beim Öffnen stellte man fest, dass es nur *Kumara* , also Süßkartoffeln, enthielt . Eines davon wurde jedem Anwesenden dargebracht und in der Hand gehalten, während der übliche Morgengottesdienst vorgelesen wurde, und endete mit einem kurzen Gebet, dass Gottes Segen an diesem Ort ruhen möge. Danach aß jeder sein *Kumara* und der Ort wurde zum *Noa erklärt* . Ich konnte nicht anders, als zu glauben, dass der einheimische Lehrer klug gehandelt hatte, indem er so viele alte Zeremonien übernommen hatte, um die Skrupel derjenigen zu befriedigen, die wenig Glauben hatten. In diesem Fall ging jeder Anwesende durch den Verzehr von auf dem *Tapu-* Boden gekochten Speisen gleichermaßen das Risiko ein, die *Atua* der Familie zu beleidigen, und man glaubte, dass dieses Risiko durch die christliche *Karakia beseitigt wurde* .

Durch die Missachtung der *Tapu -Gesetze sind Ariki* , Häuptlinge und andere heilige Personen besonders anfällig für das Missfallen ihrer *Atua* und haben daher Angst, viele gewöhnliche Handlungen zu begehen, die im Privatleben notwendig sind . Aus diesem Grund war eine Person der heiligen Klasse gezwungen, ihre Mahlzeiten im Freien einzunehmen, in einiger Entfernung von ihrer heiligen Wohnung und von dem Ort, den sie und ihre Freunde normalerweise einnahmen; und wenn er nicht alles essen konnte, was ihm vorgelegt wurde, bewahrte er den Rest für seinen alleinigen Gebrauch an einem heiligen Ort auf, der zu diesem Zweck bestimmt war: denn niemand wagte es, etwas zu essen, was ein so heiliger Mensch berührt hatte.

Der Begriff „*Karakia*" bezieht sich auf alle Formen des Gebets an die *Atua* . Es gibt jedoch eine Vielzahl von Namen oder Titeln, die *Karakia* mit besonderen Zielen bezeichnen. Es wird davon ausgegangen, dass die dem

Leser nun vorgelegten Übersetzungen für sich selbst über die Natur des *Maori-* Gottesdienstes sprechen und eine klarere und vollständigere Überzeugung davon mit sich bringen, was er wirklich war, als alle bloßen Aussagen, wie glaubwürdig sie auch sein mögen. Man sieht, dass eine *Karakia* in manchen Fällen einem Gebet sehr ähnelt , in anderen Fällen größtenteils eine Anrufung der Geister der Vorfahren in genealogischer Reihenfolge, in anderen Fällen eine Kombination aus Gebet und Anrufung.

DAS KARAKIA VON HINETEIWAIWA .

Tuhuruhuru verwendet worden . Es ist von großem Alter und stammt aus einer Zeit lange vor der Migration nach Neuseeland.

Webe, webe die Matte,

Couch für mein ungeborenes Kind,

Qui lectus aquâ inundabitur :

Rupe und Manumea inundabuntur :

Lectus meus, et mei Fötus inundabitur :

Inundabor aquâ , inundabor ;

Maritus meus inundabitur. [18]

Jetzt trete ich auf (die Matte).

Die *Matitikura* [19] bis Rupe oben,

* * * Toroa *

* * * Takapu *

* * * um die Geburt herbeizuführen,

Mein Kind ist jetzt eins mit mir.

Bleibt standhaft, *Turuturu* [20] von Hinerauwharangi ,

* * * * Hine- teiwaiwa ,

Stehen Sie zu Ihrer *Tia* , [21] Ihuwareware ,

Stehen Sie zu Ihrer *Kona* , [21] Ihuatamai ,

Tadel mich nicht in meinen Schwierigkeiten,

Ich Hine- teiwaiwa , O Rupe. [22]

Lassen Sie Ihr Haar von oben los, [23]

Dein Kopf, deine Schultern,

Deine Brust, deine Leber,

Deine Knie, deine Füße,

Lass sie hervorkommen.

Die alte Dame [24] mit nachtdunklem Gesicht,

Sie wird dich strecken,

Sie wird dich aufstehen lassen.

Lass *los, Mutterschaf* , [25] lass los, *nimm* , [25]

Lass *Parapara los* . [25] Komm heraus. [*]

Dieses *Karakia wird beim* Arawa -Stamm immer noch bei schwierigen Geburten verwendet . Wenn solche Fälle auftreten, wird daraus geschlossen, dass die Frau einen Fehler begangen hat – einen Verstoß gegen das *Tapu* , der vom *Matakiten* (=Seher) entdeckt werden muss. Der Vater des Kindes stürzt sich dann in den Fluss, während die *Karakia* wiederholt wird, und das Kind wird im Allgemeinen geboren, bevor es jemals zurückkehrt.

Die folgende Form von *Karakia* wird in ähnlichen Fällen auch von Mitgliedern desselben Stammes verwendet :

Ö! Hine- teiwaiwa , lass Tuhuruhuru frei ,

Ö! Rupe , lass deinen Neffen frei.

Anschließend werden die Vorfahren des Vaters des Kindes namentlich angerufen. Zuerst die ältere männliche Vorfahrenlinie, beginnend mit einem Vorfahren, der in Hawaiki lebte, und endend mit dem lebenden Vertreter dieser Linie. Dann folgt eine Wiederholung der Ahnenlinie als nächster in Folge und der dritten in Folge, wenn das Kind nicht geboren wird. [26] Danach spricht der *Tohunga* das ungeborene Kind an und sagt: „Komm heraus. Der Fehler liegt bei mir. Hervorkommen." Die *Tohunga* geht so weiter:

Wenn das Kind noch nicht geboren ist, wird Tiki wie folgt angerufen:

Tiki vom Erdhaufen,

Tiki kratzte zusammen,

Als Hände und Füße geformt wurden,

Zuerst in Hawaiki produziert.

Handelt es sich um ein männliches Kind, wird es geboren. Ist es ein weibliches Kind, muss auf die Vorfahrenlinie der Mutter zurückgegriffen werden.

Eng verbunden mit dem Aberglauben bezüglich der Dinge, *die Tapu betreffen* , ist der Glaube an die Ursache einer Krankheit, nämlich dass ein Geist vom Körper des Leidenden Besitz ergriffen hat. Man glaubt, dass jede Missachtung des *Tapu -Gesetzes* , sei es vorsätzlich oder versehentlich oder sogar durch die Handlung einer anderen Person herbeigeführt, den Zorn des *Atua* der Familie hervorruft, der den Täter bestraft, indem er einen Säuglingsgeist schickt, von dem er sich ernähren kann ein Teil seines Körpers – Säuglingsgeister werden im Allgemeinen wegen ihrer Liebe zum Unfug für dieses Amt ausgewählt und weil sie nicht lange genug auf der Erde gelebt haben, um Bindungen zu ihren lebenden Verwandten aufzubauen, sind sie weniger geneigt, ihnen Gnade zu erweisen. Wenn also jemand krank wird und sich nicht daran erinnern kann, dass er selbst gegen ein Gesetz des *Tapu verstoßen hat* , muss er einen *Matakiten* (Seher) und einen *Tohunga konsultieren* , um das Verbrechen aufzudecken, und die richtigen Zeremonien anwenden, um die *Atua zu besänftigen* ; Denn in der Praxis gibt es eine Methode, eine Person dazu zu bringen, gegen die *Tapu- Gesetze zu verstoßen* , ohne dass sie sich dessen bewusst ist. Diese Methode ist geheim und heißt *Makutu* . Für jemanden, der diese Kunst beherrscht, reicht es aus, wenn er einen Teil des Speichels seines Feindes oder einige Reste von seinem Essen erhalten kann, damit er es auf eine Weise behandeln kann, die sicher ist, den Groll seiner Familie zu lindern *Atua* . Aus diesem Grund würde ein Mensch es nicht wagen, in der Gegenwart von jemandem zu spucken, von dem er befürchtet, dass er geneigt sein könnte, ihn zu verletzen, wenn er den Ruf hat, diese böse Kunst zu beherrschen.

Bei einem solchen Glauben an die Ursache aller Krankheiten wird es nicht verwundern, dass die Behandlung derselben auf die *Karakia* eines *Tohunga* oder weisen Mannes beschränkt war. Ein oder zwei Beispiele solcher Fälle werden ausreichen, um dies zu erklären und den tief verwurzelten Aberglauben der *Maori aufzuzeigen* .

Wenn jemand *Porangi* oder verrückt wird, was nicht selten vorkommt, wird er zu einem *Tohunga gebracht* , der zunächst die Ursache der Krankheit untersucht. Dann gehen er und der Kranke zum Ufer, und der *Tohunga* zieht seine eigenen Kleider aus und nimmt einen Obsidian-Feuerstein in die Hand. Zuerst schneidet er eine Haarsträhne von der linken Seite des Kopfes des Kranken ab und anschließend eine Haarsträhne von seinem Oberkopf. Der Obsidian-Feuerstein wird dann auf den Boden gelegt und darauf die Haarsträhne, die von der linken Seite des Kopfes abgeschnitten wurde. Die von der Oberseite des Kopfes abgeschnittene Haarlocke wird in der linken Hand des *Tohunga in die Höhe gehalten* , während er in seiner rechten Hand einen gewöhnlichen Stein hält, der ebenfalls in die Höhe gehoben wird, während er das folgende *Karakia* wiederholt.

Di, teilen, Di, teilen,

Das ist der *Waiapu*- Feuerstein,

Jetzt bin ich kurz davor, laut zu weinen

Zum Mond des Unheils.

Dann atmet der *Tohunga* auf den Feuerstein und zerschmettert ihn mit dem Stein, den er in seiner rechten Hand hält. Danach wählt er einen Spross der Pflanze *aus* , zieht ihn hoch und befestigt dann beide Haarsträhnen daran. Dann taucht er in den Fluss, lässt die *Zehen* und Haarsträhnen los, und als sie auf der Wasseroberfläche schwimmen, beginnt er sein großes *Karakia* so:

Dies ist der *Tiri* von Tu- i - rawea ,

Dies ist das *Tiri* von Uenuku .

Wo liegt deine Schuld?

, *Kutu* gegessen zu haben ?

War es deine Schuld, auf *Tapu*- Boden zu sitzen?

Entwirre das Gewirr,

Entwirren, lösen.

Nehmen Sie die Schuld vom Kopf

Von dem *Atua* , der diesen Mann quält.

Nimm die Krankheit weg,

Und das *Mana* des Fluchs.

Wende dein *Mana* gegen dein *Tohunga* ,

Und dein *whaiwhaia* . [27]

Gib mir den Fluch

Als gekochtes Essen zubereiten.

Dein *Atua* entweiht,

Dein *Tapu* , dein Fluch,

Euer heiliger Wohnort *Atua* ,

Euer Hausbewohner *Atua* ,

Gib mir, zum Essen zu kochen.

Dein *Tapu* wird von mir entweiht.

Die Strahlen der Sonne,

Die Mutigen der Welt,

Das *Mana* , gib mir.

Lass deinen *Atua* und deinen *Tapu*

Sei Nahrung für mich zum Essen.

Lassen Sie den Kopf des Fluchs

Im Ofen gebacken werden,

Wurde mir als Essen serviert

Tot und in die Nacht gegangen.

Der letzte Teil dieses *Karakia* ist ein Fluch, der sich gegen einen *Tohunga richtet, der die Krankheit angeblich durch seine Makutu-* Kunst verursacht hat .

Makutu war die Waffe der Schwachen, die keine andere Möglichkeit hatten, Wiedergutmachung zu erlangen. Es besteht kein Zweifel daran, dass es in einer Gesellschaft, in der im Allgemeinen kein Gesetz außer dem der Gewalt herrschte, einen zügelnden Einfluss ausübte, um Diebstahl und ungerechtes Handeln im Allgemeinen einzudämmen. denn unter den *Maori herrscht* ein fester Glaube an seine Macht und Angst vor ihr. Dies geht deutlich aus dem folgenden Bericht hervor, den einer von ihnen über die Methode zur Aufdeckung und Bestrafung eines Bagatelldiebstahls gibt.

Eine Frau ist sehr verärgert, wenn einer der von ihr abgekratzten Flachs gestohlen wird, und sie konsultiert einen *Tohunga* , um den Dieb zu finden. Ob der Flachs aus ihrem Haus oder aus dem Wasser gestohlen wurde, das Haus der Frau muss *tapu sein* . Niemand darf es betreten dürfen. Dies ist notwendig, damit das *Makutu* wirksam wird und die Person entdeckt wird, die den Flachs gestohlen hat. Als die Frau zum *Tohunga kommt* , fragt er sie zunächst: „Hat jemand Ihr Haus betreten?" Sie antwortet mit „Nein." Dann fordert die *Tohunga* sie auf, nach Hause zurückzukehren und sagt: „Ich werde nachts zu dir kommen." Die Frau kehrt nach Hause zurück und nachts kommt die *Tohunga* zu ihr. Er fordert sie auf, ihr ihr Haus zu zeigen, und geht dann mit ihr zum Wasser. Nachdem er seine Kleidung ausgezogen hat, schlägt er mit einem Stock oder Zauberstab, den er zu diesem Zweck

mitgebracht hat, auf das Wasser, und sofort steht die Gestalt des Diebes vor
ihnen. Der *Tohunga* verflucht es also –

Mögen deine Augen auf den Mond schauen –

Augen aus Flachs seien deine,

Hände aus Flachs seien deine,

Füße aus Flachs gehören dir.

Lass deine Hände schnappen

Bei den Strahlen der Sonne.

Whiro greifen ,

Whiro im weiten Himmel,

Whiro wurde von Papa geboren.

Schnapp, schnapp dir deinen eigenen Kopf,

In der Nacht der Dunkelheit umkommen,

In der Nacht des Todes – Tod.

WHAKAHOKITU

Ist der Name für Formen von *Makutu* , die eingesetzt werden, um dem Fluch
eines anderen *Tohunga* oder Weisen entgegenzuwirken? für jeden, der es
praktiziert Auch wenn *Makutu* in dieser Kunst bewandert ist, muss er sich
möglicherweise dem *Mana* eines anderen weisen Mannes beugen, der auf die
Unterstützung eines mächtigeren *Atua befehlen kann* . Das Folgende ist ein
Exemplar dieser Art von *Makutu* :

Großer Fluch, langer Fluch,

Großer Fluch, bindender Fluch,

Binde deine Heiligkeit

Zur Flut der Zerstörung.

Komm her, heiliger Zauber,

Von mir angeschaut zu werden.

Lass den Fluch tief liegen

In düsterer Nacht, in dunkler Nacht,

In der Nacht des Unheils.

Großer Wind, anhaltender Wind,

Wechselnder Wind von *Rangi* oben.

Er fällt. Er geht zugrunde.

-*Tohunga* zu verschwenden .

Lass ihn in die Ofensteine beißen.

Sei Nahrung für mich,

Das *Tapu* und das *Mana* ,

Von deinem *Atua* ,

Von deinem *Karakia* ,

Von deinem *Tohunga* .

Zu den *Atua, die von den Maori* sehr verehrt wurden, gehörten die *Atua noho - whare* oder hausbewohnende Götter – Geister aus den Keimen ungeborener Kinder. Sie sind auch unter dem Namen *Kahukahu bekannt* , dessen Bedeutung in einer früheren Veröffentlichung erklärt wurde.

Die *Maori* glauben auch fest an Omen, die aus Träumen und plötzlichen Bewegungen des Körpers oder der Gliedmaßen während des Schlafs abgeleitet werden. Man geht davon aus, dass es sich bei diesen Zeichen allesamt um Warnungen der *Atua handelt* .

Es gibt eine Klasse von Träumen namens *Moe -Papa* , die sehr unglücklich sind: Und wenn jemand einen dieser Träume hat, wird er es vermeiden, sich auf eine geplante Reise zu begeben; denn man ist fest davon überzeugt, dass er, sollte er weitergehen, in einen Hinterhalt des Feindes geraten oder ein anderes Unglück erleiden wird. Daher die sprichwörtliche Bemerkung, wenn jemand eine solche Warnung vernachlässigt hat und sich einer Kriegspartei angeschlossen hat: „Er wurde von einem *Moe -Papa gewarnt* und ging dennoch." Die Art von Schlaf, die mit diesem Wort bezeichnet wird, wird als das Erklimmen eines Abgrunds, das Verirren im Wald, das Betreten eines Hauses, das Klettern auf einen Baum beschrieben. Solche Träume sind Todeswarnungen. Sie scheinen etwas zu sein, was wir Albträume nennen.

Die Bewegungen der Gliedmaßen oder des Körpers während des Schlafs werden *Takiri genannt* . Einige davon sind Glücks- und andere Unglücksstränge, wobei jede Art durch einen besonderen Namen gekennzeichnet ist.

Die glücklichen *Takiri* sind –

Der *Hokai* oder das Vorwärtsbewegen des Beins oder Fußes. Es bezeichnet die Abwehr des Feindes.

Der *Tauaro* oder der Beginn des Arms zum Körper hin.

Beim *Whakaara* beginnt der Kopf im Schlaf nach oben. Es bedeutet, dass *Ariki* oder sein Vater bald eintreffen werden.

Der *Kapo* , ein sehr glückliches Zeichen. Während ein Mann mit seinem rechten Arm als Kissen schläft und der Arm anfängt, seinen Kopf zu berühren, wird er es seinen Gefährten beim Aufwachen nicht sagen; denn durch dieses Omen weiß er, dass es ihm in der nächsten Schlacht, die stattfinden wird, ein Glück sein wird, den ersten Mann des Feindes zu töten.

Die unglücklichen *Takiri* sind –

Die *Kohera* , ein nach außen gerichteter Beginn von Arm und Bein einer Körperseite.

Der *Peke* , ein vom Körper nach außen gerichteter Arm.

Das *Whawhati* , ein Schlaf, bei dem die Beine, der Hals und der Kopf nach oben zum Bauch gebogen sind. Das ist sehr unglücklich. Das Böse wird keinen anderen Menschen treffen, sondern den Menschen selbst betreffen.

Die früheren *Takiri* bedeuten nicht unbedingt Böses für den einzelnen Schläfer, sondern für jeden seiner Gefährten.

KAPITEL IV.

RELIGIÖSE RITEN DER MAORI.

Tantum Religio Potuit suadere .- *Lucretius* .

Sie fragen mich nach den Bräuchen der *Maori*- Männer und ihrer Herkunft, wie die Männer dazu kamen, sie zu lernen. Dies ist die Quelle, aus der die Menschen sie gelernt haben. Ihr Wissen stammt nicht aus der Neuzeit. Papa, Rangi und Tiki waren die ersten, die den Männern Regeln für Arbeit aller Art, für das Töten, für das Essen von Menschen und für *Karakia gaben* . Früher war das Wissen der *Maori* in allen Belangen aus dieser Lehre groß, und so lernten die Menschen, Regeln für diese und jene Sache festzulegen. Daher kam die Zeremonie des *Reinen* für die Toten, die *Karakia* für das neugeborene Kind, für erwachsene Männer, für den Kampf, für das Stürmen eines *Pa* , für Aale, für Vögel, für *Makutu* und eine Vielzahl anderer *Karakia* . Tiki war die Quelle, von der sie zu *Tupua* , *Pukenga* , *Wananga* und *Tauira* gelangten . Die Männer der Antike sind eine Quelle der Beschwörung der *Tauira* . Daher hatte die *Karakia* ihre Macht und gelangte von Generation zu Generation mit immer Macht weiter. Früher gaben ihre *Karakia* den Männern Macht. Von der Zeit an, als das *Rongo -pai* (=Evangelium) hier ankam und die Menschen keine *Tapu mehr waren* , begannen Krankheiten. Der Mensch von früher litt nicht unter Krankheiten. Er starb erst, als er vom Alter gebeugt war. Er starb, als er das natürliche Ende seines Lebens erreichte.

Mein Schreiben an Sie beginnt mit dem *Karakia* für eine Mutter, deren Brüste keine Milch geben . Wenn die Brüste der Mutter nach der Geburt eines Kindes keine Milch mehr haben, greift ihr Mann zum *Tohunga* . Wenn der *Tohunga* ankommt, werden Mutter und Kind zum Wasser getragen, und der *Tohunga* taucht eine Handvoll Gras ins Wasser und streut es auf die Mutter. Das Kind wird der Mutter vom *Tohunga* weggenommen , der dann dieses *Karakia* wiederholt :

Wasserquellen von oben geben mir,

Auf die Brust dieser Frau gießen.

Tau des Himmels gib mir,

Um die Brust dieser Frau zum Tröpfeln zu bringen;

An den Spitzen der Brust dieser Frau;

Brüste, in denen Milch fließt,

Fließt bis zu den Spitzen der Brust dieser Frau,

Milch in reichlicher Menge.

Im Moment weint und stöhnt das Kind,

In der großen Nacht, in der langen Nacht.

Tu der Wohltäter,

Tu der Geber,

Tu der Freigebige,

Komm zu mir, zu dieser *Tauira*.

Danach wird das Kind ins Wasser getaucht und Mutter und Kind werden getrennt gehalten. Eine ganze Nacht lang werden sie getrennt gehalten, damit die *Karakia* wirken kann. Die Mutter bleibt allein in ihrem Haus, während der draußen sitzende *Tohunga sein Karakia* wiederholt . Der *Tohunga* weist die Frau auch folgendermaßen an : „ Wenn die Spitzen Ihrer Brüste zu jucken beginnen, legen Sie Ihre Kleidung offen und legen Sie sich nackt hin." Einige Zeit später beginnen ihre Brüste zu jucken und die Frau weiß, dass das *Karakia* Wirkung zeigt. Danach schmerzen ihre Brüste und sie ruft dem *Tohunga zu* : „Meine Brüste jucken und tun weh, sie sind voller Milch." Dann wird das Kind zur Mutter gebracht. Sehen Sie, welche Macht die *Karakia* der *Maori* besaß.

Das ist ein Wort, ein Gedanke von mir. In den letzten Jahren, seit der Ankunft des Rongo -pai (=Evangelium) gab es keine bemerkenswerten Zeichen, wie die Zeichen, die auf dieser Insel zu sehen waren, als die Menschen *Tapu waren* , als *Karakia* die Macht hatte. Ein Zeichen, das man auf dieser Insel sah, war die Rakutia (=die geschlossene Sonne). Zur Mittagszeit herrschte Dunkelheit und man sah die Sterne. Nach vielleicht zwei Stunden Dunkelheit kehrte das Tageslicht zurück. Unsere Väter sahen dieses Zeichen; aber es gibt jetzt keine Zeichen mehr wie früher.

ZEREMONIE DER TUA.

Wenn einem Häuptling ein männliches Kind geboren wird, freut sich sein ganzer Stamm. Die Mutter wird von den Bewohnern der Siedlung getrennt, um zu verhindern, dass sie mit Personen in Kontakt kommt, die sich mit der Kultivierung der *Kumara* befassen, damit diese nicht versehentlich etwas berühren, was der Mutter gehört, und damit die *Kumara nicht durch ihren Tapu-*Zustand beeinträchtigt wird . denn die Heiligkeit jedes *Rehu-Wahine* wird sehr gefürchtet.

Wenn das Kind etwa einen Monat alt ist und mit seinen Händen versucht, die Brust seiner Mutter zu erreichen, findet die *Tūa*-Zeremonie statt. Zwei Feuer werden entzündet; ein Feuer für die *Ariki*, ein Feuer für die *Atua*. Das Essen, das auf dem Feuer gekocht wird, ist Farnwurzel. Dann nimmt der *Tohunga* das Kind in seine Arme und wiederholt dieses *Karakia*: –

Atme schnell deine Lunge,

Eine gesunde Lunge.

Atme stark, deine Lunge,

Eine feste Lunge,

Eine mutige Lunge.

Abschied von [28] für deinen Mut,

* * Essen bestellen,

Abtrennung für das Führen der Waffe,

* * abwehren,

* * den ersten Mann ergreifend,

** stürmt die *Pa*.

&C. &C.

&C. &C.

Der Junge ist [29 Jahre] alt,

* * * * kletterte [29] darüber,

* * * * in die Arme gehoben,

Der junge Säugling ist frei von *Tapu*,

Er läuft frei dort hin, wo Essen gekocht wird.

Lass dieses *Karakia* sanft fließen,

Zum *Pukenga*,

Zum *Wananga*,

Zur *Tauira*.

Wenn diese *Karakia* endet, folgt die Zeremonie des *Poipoi* (= Winken). Der *Tohunga nimmt die für den Atua* gekochte Farnwurzel, schwenkt sie über das Kind und wiederholt diese Worte: „Das ist für den *Tipua*, für den *Pukenga*, für den *Wananga* ." ISS es. Es ist das Essen, das für Sie zubereitet wird." Die gekochte Farnwurzel wird dann an der heiligen Stelle abgelegt. Anschließend wird das Kind von der weiblichen *Ariki in die Arme genommen* , die die auf ihrem Feuer gekochte Farnwurzel darüber schwenkt und damit verschiedene Körperteile des Kindes berührt. Dem *Ariki* wird dann nachgesagt, dass er diese Farnwurzel frisst, aber das tut er tatsächlich nicht. Sie spuckt nur darauf und wirft es auf den heiligen Ort.

Wenn es mehrere weibliche *Ariki* derselben Familie gibt, von denen eine fehlt, wird eine Figur aus Unkraut angefertigt, um sie darzustellen. Anschließend wird der Figur ein Teil der Farnwurzel angeboten und darin festgesteckt. Alle diese Zeremonien finden auf heiligem Boden statt. Der Teil der Zeremonie – das Berühren des Körpers des Kindes mit der Nahrung, die der Ariki essen soll – *wird Kaikatoa* genannt . Danach ist das Kind von *Tapu befreit* , sodass es von Angehörigen der Familie in den Arm genommen werden kann.

Es findet keine weitere Zeremonie statt, bis das Kind die Jugend erreicht hat, ihm die Haare geschnitten werden und der junge Mensch von *Tapu befreit wird* . Die Haare müssen morgens geschnitten werden, um eine strikte Einhaltung des *Tapu zu* gewährleisten ; denn bei dieser Gelegenheit müssen nicht nur die *Tohunga Tapu sein* , sondern der ganze Stamm. Dieses *Tapu* beginnt am Morgen und niemand darf essen, solange es dauert. Sollte jemand während dieser Zeit etwas essen, wird es entdeckt; Denn wenn einem Kind beim Haareschneiden die Haut am Kopf abgeschnitten wird, weiß man sofort, dass jemand etwas gegessen hat. Das ist ein sicheres Zeichen. Nachdem die Haare geschnitten sind, wird erneut die *Poipoi- Zeremonie durchgeführt, und der Tohunga* hebt dann seine Hände und wiederholt dieses *Karakia* , und der junge Mensch ist frei –

Diese meine Hände sind erhoben,

Und diese Heiligkeit hier.

Tu- i - whiwhia , Tu- i - rawea ,

Deine Freiheit von *Tapu*

Stellen Sie sicher, dass Sie es erhalten.

Sorgen Sie für die Freiheit.

Gib es unbedingt Papa.

Gib mir mein *Tu* :

Erhebe die Heiligkeit:

Erhebe es: Es setzt sich durch.

30 Grad erhoben ,

Für Tiki sind da meine Hände,

Für Hine-nui-te-po diese meine Hände,

Diese sind jetzt frei von *Tapu* .

Freiheit. Sie sind frei.

ZEREMONIEN FÜR DIE TOTEN.

Wenn ein Mann stirbt, wird sein Körper in eine sitzende Haltung gebracht und an einen Pfahl gebunden, um ihn in einer guten Position zu halten. Es sitzt mit dem Gesicht zur Sonne, während es aus seiner Höhle aufsteigt. Dann kommt jeder dem Klagen nahe. Die Frauen vorne, die Männer dahinter. Ihre Kleider sind um ihre Lenden gegürtet. In ihren Händen halten sie grüne Blätter und Zweige, dann beginnt das Lied namens *Keka* so:

Tohunga Gesänge		Es ist kein Mann,
Alle	„	{ Es ist Rangi, der jetzt der Erde übergeben wurde, {Ach ! mein Freund.
Tohunga	„	Mein böses Omen,
Alle	„	{ Der Blitz blickt auf den Berggipfel { Te Waharoa zum Tode verurteilt.

Nach dem *Keka beginnt* das *Uhunga* oder die Klage. Die Kleidung, in die die Leiche gekleidet werden sollte, ist der *Kahuwaero* , der *Huru* , der *Topuni* und der *Tatata* . Die Klage endete, Geschenke, Grünsteinornamente und andere Opfergaben für den toten Häuptling werden zur Schau gestellt. Es wird auch eine geschnitzte Truhe angefertigt, die mit Federn verziert ist, und ein geschnitztes Kanu, ein kleines, das einem großen Kanu ähnelt und mit *Kokowai* (= roter Ocker) bemalt ist; Außerdem ist am Wegesrand ein an der Spitze gebogener Stock aufgestellt, damit Vorübergehende ihn sehen und wissen können, dass ein Häuptling gestorben ist. Dies wird Hara genannt . *Die geschnitzte* Truhe wird *Wharerangi genannt* . Nur der Leichnam wird begraben, die Kleidung wird in die geschnitzte Truhe gelegt, die von der Familie und den Nachkommen als heilige Reliquie aufbewahrt wird.

Am Morgen nach der Beerdigung gehen einige Männer los, um einen kleinen Sumpfvogel namens *Kokata zu töten und ein paar Wiwi* -Schilf zu pflücken . Sie kehren zurück und nähern sich dem Grab. Der *Tohunga* fragt dann: „Woher kommst du?" Die Männer antworten: „Vom Suchen, vom Suchen." Der *Tohunga* fragt erneut: „Ah! was haben Sie? Ah! Was hast du gewonnen?" Daraufhin werfen die Männer die *Kotata* und die *Wiwi* auf den Boden . Dann wählt der *Tohunga* einen Stiel von *Toetoe* oder *Rarauhe* aus und platziert ihn in der Nähe des Grabes in Richtung Hawaiki, um einen Weg für den Geist zu schaffen, damit er auf dem geraden Weg zu denen gehen kann, die vor ihm gestorben sind. Dieser wird *Tiri* genannt und auch in der Nähe seines Sterbeortes platziert, damit sein Geist als *Atua* für seine lebenden Verwandten zurückkehren kann. Die Person, der dieser *Atua erscheint, wird Kaupapa* oder *Waka-atua* genannt . Immer wenn der Geist dem *Kaupapa erscheint*, versammeln sich die Männer der Familie, um seine Worte zu hören. Hören Sie das *Karakia* des *Kaupapa* , um den Geist dazu zu bewegen, den Pfad des *Tiri zu erklimmen* .

Das ist dein Weg, der Weg von Tawaki ;

Dadurch stieg er nach Rangi hinauf ,

Durch ihn ist er zu euren vielen emporgestiegen,

An deine Tausenden;

Dadurch bist du herangekommen,

Daran hast du dich festgehalten,

Dadurch ist dein Geist sicher angekommen

An deine Vorfahren.

Ich bin jetzt hier und seufze,

Wehklagen um deinen verstorbenen Geist.

Komm, komm zu mir in Form einer Motte,

Komm zu mir, dein *Kaupapa* ,

Wen du geliebt hast,

Um wen du geklagt hast.

Hier ist der *Tiri* für dich,

Der *Tiri* deiner Vorfahren,

Das *Tiri* deines *Pukenga* ,

Von deinem *Wananga* ,

Von mir diese *Tauira* .

DIE REINGA ODER HADES.

Wenn der Geist den Körper verlässt, macht er sich auf den Weg nach Norden, bis er zwei Hügel erreicht. Der erste dieser Hügel ist ein Ort, an dem man mit Klagen und Klagen wehklagen kann. Auch dort legt der Geist seine Kleider ab. [31] Der Name dieses Hügels ist Wai- hokimai . Der andere Hügel heißt Wai- otioti : Dort kehrt der Geist dem Land des Lebens den Rücken und geht weiter zum Rerenga-wairua (Sprung des Geistes). Es gibt zwei lange, gerade Wurzeln, deren untere Enden im Meer verborgen sind, während die oberen Enden an einem *Pohutukawa-* Baum hängen. Der Geist steht am oberen Ende dieser Wurzeln und wartet auf eine Öffnung im auf dem Wasser schwimmenden Seegras. Sobald eine Öffnung zu sehen ist, fliegt sie zum Reinga hinab. Wenn man Reinga erreicht, gibt es einen Fluss und einen Sandstrand. Der Geist überquert den Fluss. Der Name des Neuankömmlings wird gerufen. Er wird willkommen geheißen und ihm wird Essen serviert. Wenn er das Essen isst, kann er nie wieder ins Leben zurückkehren. [32]

GESCHICHTE VON TE ATARAHI.

Es gab einen Mann namens Te Atarahi , der fünf Nächte und fünf Tage im Reinga blieb und dann ins Leben zurückkehrte. Am fünften Tag nach dem Tod dieses Mannes gingen zwei Frauen hinaus, um Flachsblätter zu schneiden. Dabei beobachteten sie, wie in einiger Entfernung von Zeit zu Zeit die Blütenstiele des Flachses aufsprangen. Dann bemerkte eine der Frauen zu ihrer Begleiterin : „ Da ist jemand, der den Saft der *Korari-* Blüten saugt." Nach und nach kam diese Person näher und wurde von der Frau gesehen, die sagte: „Der Mann ist wie Te. " Atarahi , es ist sicherlich Te Atarahi ." Ihr Begleiter antwortete : „ Es kann nicht Te sein." Atarahi , er ist tot." Dann schauten sie beide genau hin und sahen, dass die Haut des Mannes faltig war und ihm auf dem Rücken und den Schultern herunterhing und dass die Haare auf seinem Kopf vollständig verschwunden waren.

Also kehrten die Frauen zum *Pa zurück* und erzählten, wie sie Te gesehen hatten Atarahi . „Sind Sie ganz sicher, dass es Te war? Atarahi ?" sagten die Männer der *Pa* . Und die Frauen antworteten: „Sein Aussehen war wie Te Atarahi , aber die Haare auf seinem Kopf waren völlig verschwunden und seine Haut hing in Falten auf seinem Rücken." Dann wurde einer geschickt, um sich das Grab anzusehen, wo Te Atarahi war begraben worden. Er fand das Grab unversehrt vor, also kehrte er zurück und sagte: „Meine Herren, die Leiche ist gut begraben, sie wurde nicht gestört." Dann gingen die Männer und untersuchten den Ort sorgfältig von allen Seiten und fanden auf einer Seite, etwas abseits, eine Öffnung. Dann gingen sie zu dem Ort, wo Te

Atarahi war von den Frauen gesehen worden und dort fand der Mann auf einem *Ti-* Baum sitzend. Sie wussten sofort, dass er Te war Atarahi ; Also ließen sie die *Tohunga holen* . Der *Tohunga* kam und wiederholte ein *Karakia* , woraufhin der Mann zum heiligen Ort gebracht wurde und der *Tohunga* bei ihm blieb und ständig *Karakia wiederholte* , während die Leute des *Pa* dastanden, ohne hinzusehen. Dort blieb der Mann viele Tage und Essen wurde für ihn gebracht. Die Zeit verging und er begann wieder das Aussehen eines *Maori-* Mannes anzunehmen. Schließlich erholte er sich und es ging ihm ganz gut. Dann erzählte er, wie er in der Reigna gewesen war , wie seine Verwandten ihn angegriffen hatten, und gebot ihm, das Essen nicht anzurühren, und schickte ihn zurück in das Land des Lichts. Er sprach auch von der Vorzüglichkeit des Staates, in dem die Menśchen der Reigna lebten, von ihrer Nahrung, von ihrer erlesenen Delikatesse, dem *Ngaro* , von der Zahl ihrer *Pa* und der Vielzahl der dortigen Bewohner, die alle mit dem übereinstimmten *Atua* haben gesagt, wenn sie Menschen auf der Erde besuchen.

NGA PATUPAIAREHE ODER FEEN.

Eines Tages, als Ruarangi nicht in seinem Haus war, kam ein Patupaiarehe oder eine Fee zu ihm, und als er darin nur die Frau von Ruarangi fand , entführte er sie in die Berge. Als der Mann nach Hause zurückkehrte, konnte seine Frau nicht gefunden werden. Er verfolgte jedoch seine Spuren bis zu den Hügeln, wo die Feen wohnten, sah aber nichts von seiner Frau. Dann war er sicher, dass sie von den Feen entführt worden war, und kehrte traurig zurück und überlegte, wie er sie zurückholen könnte. Nachdem er sich schließlich einen Plan ausgedacht hatte, rief er die *Tohunga* des Stammes zusammen – diejenigen, die sich darin auskennen, die Liebe zurückzubringen – diejenigen, die sich mit *Makutu auskennen* – kurz alle *Tohunga* . Als sich alle vor ihm versammelten, sagte er zu ihnen: „Der Grund, weshalb ich euch berufen habe, ist dieser. Meine Frau ist verschwunden." Der *Tohunga* antwortete: „Wenn es Nacht ist, verlässt ihr alle eure Häuser." Als es Nacht wurde, verließ jeder sein Haus, wie der *Tohunga* es befohlen hatte. Dann stand der *Tohunga* auf, der sich mit der Wiederherstellung der Liebe auskennt, und entdeckte nach einiger Zeit, dass die verlorene Frau bei den Feen war. Also begann er ein *Karakia* , um ihre Liebe zu ihrem *Maori-* Ehemann wiederherzustellen.

Welcher Wind weht da sanft auf deiner Haut:

Wirst du dich nicht deinem Gefährten zuneigen,

An wen du dich geklammert hast, als du zusammen geschlafen hast,

Wen du in deinen Armen gehalten hast,

Wer hat deine Trauer geteilt?

Wenn der Wind dir das bringt, meine Liebe,

Neige hierher deine Liebe,

Seufzend nach der Couch, auf der beide schliefen.

Lass deine Liebe hervorbrechen,

Wie die Wasserquelle aus ihrer Quelle.

Als der *Tohunga diese Karakia* beendet hatte, sagte er zum Ehemann: „Geh, hol deine Frau. Wenn sie dich trifft, reibe sie schnell mit *Kokowai* (rotem Ocker) ein." Da ging der Mann, und als es Nacht wurde, legte er sich neben den Weg und schlief. Während er schlief, sah er, wie seine Frau ihm entgegenkam. Damit erwachte er und wusste genau, dass der *Tohunga* die Wahrheit gesagt hatte. Bei Tageslicht machte er sich auf den Weg und nach einiger Zeit kam er in Sichtweite des *Vaters* der Feen. Niemand war innerhalb der *PA* . Alle waren hinausgegangen, um sich die *Maori-* Frau anzusehen. Nun hatte die Frau, die durch die *Karakia* der *Tohunga in ihr geboren wurde,* ein großes Verlangen nach ihrem *Maori-* Ehemann verspürt , und so sagte die Frau zu ihrem Feen-Ehemann: „Lass mich gehen und meine neuen Schwager besuchen." Dies sagte sie betrügerisch; denn als ihr Feen-Ehemann zustimmte, ging sie sofort ihrem *Maori-* Ehemann entgegen, der sie, sobald sie näher kam, überall mit *Kokowai einrieb* und mit ihr nach Hause eilte.

In der Zwischenzeit wartete der Ehemann der Fee auf ihre Rückkehr. Er wartete lange und machte sich schließlich auf die Suche nach ihr: Endlich entdeckte er die Schritte eines Mannes und einer Frau, dann wusste er, dass sie mit ihrem Mann weggegangen war. Also versammelte sich die Kriegspartei der Feen und machte sich auf den Weg, um die *Maori Pa anzugreifen* . Aber sie fanden die mit *Kokowai* bestrichenen Pfosten des *Pa* und die Blätter, die in den Öfen zum Kochen verwendet wurden, auf die Dächer der Häuser geworfen: Auch der *Pa* war voller Dampf gekochter Speisen. Die Frau wurde zum Verstecken in einen Ofen gelegt. Deshalb fürchteten sich die Feen davor, näher zu kommen; Denn wie konnten sie aus Angst vor dem *Kokowai* und dem Dampf der Öfen, die den Hof füllten, in den *Pa eintreten?* Ihre Angst vor gekochtem Essen ist so groß.

Dann sangen die *Tohunga- Maori* im Stehen ein *Karakia* , um die Feen einzuschläfern.

Zur Seite stoßen, in die Ferne stoßen,

Schiebe deine Heiligkeit beiseite,

Schieben Sie Ihr *Tohunga beiseite* :

Lass mich, lass mich dich markieren,

Lass mich deine Stirn markieren,

Gib mir darauf deine Heiligkeit,

Du *Mana* , dein *Tohunga* ,

Dein *Karakia* gib mir,

Zum Platzieren neben den Ofensteinen,

Neben der Asche platzieren,

Kokowai platzieren .

Jetzt ruhen diese auf deinem Kopf,

An deinen heiligen Orten,

Auf deinem weiblichen *Ariki* .

Deine Heiligkeit ist zunichte gemacht.

Als diese *Karakia* zu Ende ging, saßen alle Feen auf dem Boden. Da stand ihr Häuptling auf und sang :

Ach! für diesen Tag

Was mich jetzt bedrückt.

Ich streckte meine Hand aus

An den Kumpel von Tirini .

Es folgten meine Fußstapfen,

Und entzückt erwiderte die Liebe,

Bei Pirongia dort.

Dies ist der gefürchtete Stamm zunichte gemacht,

Tiki [34] und Nukupouri [34]

Und Whanawhana [34]

Und ich Rangi-pouri: [34]

Ich habe die Frau entführt,

Ich bin der erste Angreifer:

Ich ging, um das Haus von Ruarangi zu betreten ,

Um meine Hand auszustrecken,

Maori- Haut berühren .

Die Grenze ist ofenmarkiert,

Um zu verhindern, dass es zur Seite verschoben wird,

Um die Frau in Sicherheit zu beschützen.

Er glaubte, die Macht seines *Karakia* würde zum Vorschein kommen; aber es konnte die Angriffe der *Maori- Tohunga nicht besiegen* ; denn wie konnte es sich gegen das gekochte Essen und die Öfen und die *Kokowai* und die vielen anderen Geräte der *Tohunga durchsetzen* ? Daraus wurde ersichtlich, dass die Feen nicht über die Macht von *Karakia* verfügten. Die einzige Macht, die ihnen gegeben wurde, bestand darin, Männer zu ersticken.

KAPITEL V.

DER MAORI-HÄUPtling DER ALTEN ZEIT.

Θε ὸ ς δ' ὣ ς τ ί ετο δ ή μ ῳ . – *Homer.*

Die Häuptlinge, die mit dem Kanu Arawa von Hawaiki nach Aotearoa kamen , waren die folgenden: Tia, Maka , Oro, Ngatoroirangi, Marupunganui , Ika , Whaoa , Hei und Tama-te-kapua . Nachdem ihr Kanu in Maketu an Land gebracht worden war, machten sich diese Häuptlinge auf den Weg, das Land zu erkunden, um Land für sich und seine Familie in Besitz zu nehmen.

Tia und Maka gingen nach Titiraupenga in Taupo und blieben dort.

Oro ging nach Taupo und von dort nach Wanganui.

Ngatoroirangi ging nach Taupo und starb in Ruapehu.

Marupunga ging nach Rotorua und starb dort.

Ika ging nach Wanganui und starb dort.

Whaoa ging nach Paeroa.

Hei ging nach Whitianga (Mercury Bay). Er wurde in Oa- Hei am äußersten Ende des Vorgebirges begraben .

Tama-te-kapua ging nach Moehau (Cape Colville).

Waitaha , Sohn von Hei , und Tapuika , Sohn von Tia, und Tangihia , Sohn von Ngatoro-i-rangi , blieben in Maketu. Tuhoro und sein jüngerer Bruder Kahumata-momoe , Söhne von Tama-te-kapua , blieben ebenfalls in Maketu. Ihr *Vater* hieß Te Koari und ist immer noch ein heiliger Ort. Ihr Haus wurde Whitingakongako genannt . Kahu hatte einen Anbau namens Parawai, den ihm seine Mutter schenkte.

Als er eines Tages in seinem Garten arbeitete, schlug Tuhoro ihn und sie stritten sich gemeinsam. Der ältere Bruder stürzte, und als er unter seinem jüngeren Bruder lag, wurde er von ihm auf den Boden gedrückt. Da riefen ihre Kinder und der ganze Stamm: „Lass deinen älteren Bruder aufstehen." Also ließ er ihn gehen; aber ihr Streit ging mit wütenden Worten weiter. „ Eines Tages werde ich dein Tod sein", sagte Kahu, „und niemand wird dich retten." Tuhoro war wütend und schlug Kahu erneut. aber er wurde ein zweites Mal von Kahu zu Boden geworfen. Dann ergriff Tuhoro Kahus Ohr und riss ihm einen grünen Stein ab; Der Name dieses Steins war *Kaukaumatua* . Tuhoro behielt es und vergrub es einige Zeit später in der Erde, am Fuße des Pfostens am Fenster des Hauses ihres Vaters.

Danach beschloss Tuhoro , seinem Vater Tama-te-kapua zu folgen . Also ging er, er und alle seine Kinder. Er hat niemanden zurückgelassen. Er ging nach Moehau und dort starben er und sein Vater.

Als Tama-te-kapua im Sterben lag, sagte er zu seinem Sohn Tuhoro : „Du musst drei Jahre lang heilig bleiben und getrennt vom Stamm leben." Lassen Sie an den Seiten Ihres Hauses drei Gärten entstehen, die als heilig gelten und in denen Sie Nahrung für die *Atua anbauen sollen* . Erwecke mich im vierten Jahr aus dem Schlaf; denn meine Hände werden immer die Erde aufsammeln, und mein Mund wird immer Würmer, Maden und Exkremente fressen, die einzige Nahrung unten im *Reinga* (Wohnort der Geister). Wenn mein *Tuuta* [35] herunterfällt und mein Kopf auf meinen Körper fällt und meine Hände herunterfallen und das vierte Jahr kommt, wende mein Gesicht dem Licht des Tages zu und entgrabe meinen *Papa-Toiake* . [36] Wenn ich mich erhebe, wirst du *noa* (frei von *tapu*) sein.

Wenn Vereine mit Streik drohen,

Du wirst dafür sorgen – Ja, ja.

Befindet sich eine Kriegspartei im Ausland,

Ihr sollt zuschlagen – Ja, ja."

Nachdem er dies gesagt hatte, starb Tama-te-kapua und wurde von seinem Sohn auf dem Gipfel des Moehau begraben .

Die von Tama vorgeschriebenen drei Jahre endeten nicht, als Tuhoro wie zuvor mit dem Anbau von Nahrungsmitteln begann; So wandten sich die heiligen Überreste seines Vaters gegen ihn und er starb.

Kurz vor seinem Tod versammelten sich seine Söhne Taramainuku , Warenga und Huarere in seiner Gegenwart. Daraufhin sagte Tuhoro : „Dein jüngerer Bruder muss mich begraben." So wurde der jüngere Sohn genannt. Ihenga kam und setzte sich neben seinen Vater in sein heiliges Haus, der ihn folgendermaßen anwies: „Wenn ich tot bin, trage mich aus dem Haus und lege mich nackt hin, um dein *Ika-hurihuri* [37] (drehender Fisch) zu sein." Beißen Sie zuerst mit Ihren Zähnen auf meine Stirn, dann beißen Sie mit Ihren Zähnen auf mein *Tahito* [38] (Damm). Dann trage mich zum Grab deines Großvaters. Wenn ich begraben bin, geh nach Maketu."

„Warum muss ich nach Maketu gehen?"

„Dass dein Onkel die Zeremonien durchführen kann, um deine Heiligkeit zu beseitigen."

„Aber woher soll ich ihn kennen?"

Dann sagte der Vater: „Er wird dir nicht unbekannt sein."

„Ho! Unterwegs wird mich jemand töten."

"Nicht so. Du wirst sicher am Meeresufer entlanggehen."

„Aber ich werde ihn nie finden."

„Man kann ihn nicht verwechseln. Schauen Sie sich an, dass sein rechtes Ohr herunterhängt. Er ist ein großer, kleiner Mann mit einem schläfrigen Auge. Wenn Sie sich Ihrem Onkel nähern, gehen Sie sofort hin und setzen Sie sich auf sein Kissen, damit er Sie kennenlernt. Wenn Sie beide von der Heiligkeit befreit sind, suchen Sie unter dem Fensterpfosten nach dem Ohrentropfen Ihres Onkels."

„Aber wie soll ich es finden?"

"Du wirst es finden. Suchen Sie danach. Es ist dort begraben , eingewickelt in ein Stück Stoff mit *Manukarinde* außen."

Als der Vater starb, wurde sein nackter Körper aus dem Haus gebracht und auf die Erde gelegt. Der jüngere Sohn biss mit den Zähnen in die Stirn und dann mit den Zähnen auf das *Tahito* seines Vaters und sagte gleichzeitig: „Lehre mich, wenn ich schlafe."

Der Grund, warum er in die Stirn und in den *Tahito biss* , war, dass das *Mana* , die heilige Kraft seines Vaters, ihn inspirieren könnte, so dass er sein *Tauira* , *dh* der lebende Vertreter seines *Mana* und *Karakia, werden könnte* . Dann wandte sich der junge Mann folgendermaßen an die Leiche: „Wenn uns später ein Feind angreift, zeigen Sie mir, ob wir Tod oder Sicherheit haben werden." Wenn dieses Land verlassen wird, werden Sie und Ihr Vater verlassen, und Ihre Nachkommen werden sterben."

Dann bewegte sich die Leiche und neigte sich nach rechts. Danach neigte es sich nach links. Ein zweites Mal neigte es sich nach rechts und dann nach links. Danach hörte die Bewegung des Körpers auf. Daher wurde erkannt, dass es ein schlechtes Omen war und dass das Land verlassen würde.

Nach dieser Aufbahrung wurden die Beine des Leichnams angewinkelt, so dass die Knie den Hals berührten, und dann wurde er in dieser Position mit einem geflochtenen Gürtel gefesselt. Anschließend wurden zwei Umhänge aus *Kahakaha um den Leichnam* gewickelt , darüber wurden zwei Umhänge, wie sie alte Männer tragen, und dann ein Umhang aus Hundefell gelegt. Federn des Albatros, des *Huia* und des *Kotuku* (weißer Kranich), wurden in die Haare des Kopfes gesteckt, und die Daunenbrüste des Albatros wurden an den Ohren befestigt. Dann begann der *Tangi* (Klagelied oder Klagelied). Dann wurden die letzten Abschiedsworte gesprochen und die Häuptlinge hielten Reden. Die Klage von Rikiriki und die Klage von Raukatauri um Tuhuruhuru wurden gesungen; und die Leiche wurde auf dem Bergrücken von Moehau begraben .

Als der junge Mann nun schlief, sagte der Geist seines Vaters zu ihm: „Wenn du hungrig bist, erlaube deinem Mund nicht, um Essen zu bitten; sondern schlage mit einem Stock auf den Futterkorb. Wenn Sie durstig sind, schlagen Sie auf den Kürbis." Jede Nacht brachte der Geist des Vaters dem jungen Mann seine *Karakia bei, bis er sie* alle gelernt hatte ; Dann sagte er zu seinem Sohn: „Jetzt gehen wir beide und jemand , der Essen trägt."

Also machten sie sich beide auf den Weg, der Geist des Vaters ging voran. Von Moehau aus passierten sie Heretaonga , Whangapoua , Tairua , Whangamata , Katikati und Matakana. Dort ruhten sie. Danach fuhren sie weiter nach Rangiwaea , wo Ihenga in einem kleinen heiligen Kanu einstieg, während sein Reisegefährte an Bord eines großen Kanus ging. Dann setzten sie nach Waikoriri über . Hier wollte Waitara ihn festhalten, aber er wollte nicht bleiben. Er ging direkt weiter nach Wairakei und zum Houhou . Er traf einen Mann und erkundigte sich, wo Kahu wohnte. Der Mann sagte: „Bei dem großen Haus, das du dort siehst." Also ging Ihenga weiter und als er den Ort erreichte, an dem die Arawa an Land gezogen wurde, sah er sich um und ging dann weiter zum heiligen Ort, dem Koari , und ließ dort die *Ueta* seines Vaters zurück. Dann stieg er die Klippe zum Teko hinauf, kletterte über Kahus Tür, ging direkt weiter zum heiligen Teil des Hofes und setzte sich auf Kahus Kissen.

Atua in Hawaiki und für Houmaitahiti loszuschicken , Essen sowohl gekocht als auch ungekocht. Dieses Kanu wurde aus *Raupo* (einer Binsenart) hergestellt. Im Kanu befand sich niemand, nur Steine, die Männer darstellten. Dort war Kahu damit beschäftigt, sein Kanu loszuschicken, als seine Frau Kuiwai ihm zurief: „Kahu, Kahu, da ist ein Mann auf deiner Ruhestätte." Dann schrie Kahu: „Nimm ihn; schieb ihn hier runter. Die Frau antwortete: „Wer wird es wagen, sich deinem Kissen zu nähern? Der Mann ist *Tapu* ." Dann rief Kahu: „Sitzt er auf meinem Kissen?" "Ja." „Ich bin wütend vor Wut", sagte Kahu; „Sein Kopf soll dafür bezahlen."

Ihenga trug zwei Umhänge aus Hundefell, unter denen sich zwei *Kahakaha*-Umhänge befanden. Als Kahu auf den *Pa* zuging , fragte er: „Aus welcher Richtung ist der Mann gekommen?" Die Frau antwortete: „Er ist über dein Tor geklettert."

Zu diesem Zeitpunkt hatte Kahu den Zaun erreicht und erblickte den jungen Mann.

Er sah ihn kaum, als er erkannte, dass er seinem Bruder Tuhoro ähnelte , und begrüßte ihn sofort : „ Oh! Es ist mein Neffe. Willkommen, mein Kind, willkommen." Dann begann er zu klagen und Worte der Zuneigung über ihn zu murmeln; Daher wusste der Stamm, dass es sich um den kleinen Sohn von Tuhoro handelte .

Nach der Klage erkundigte sich Kahu nach seinem Bruder und der junge Mann sagte: „Mein Vater ist tot." Ich habe ihn begraben. Ich bin zu dir gekommen, um die Zeremonien des *Reinen* und des *Horohoro durchzuführen* und meine Heiligkeit zu beseitigen." Sofort rief Kahu dem Stamm zu: „Der *Marae* (Hof) ist *Tapu* " und führte den jungen Mann zum heiligen Haus der Priester. Dann befahl er, Essen zuzubereiten – einen Hund der Rasse Irawaru – und ging, während es gekocht wurde, mit dem jungen Mann, um sich in den Fluss zu tauchen. Sein Begleiter, ein Sohn seines Bruders Warenga , blieb beim Rest des Stammes. Als sie in den Fluss getaucht waren, begann Kahu, dem jungen Mann die Haare zu schneiden, was Teil der *Pure- Zeremonie ist* . Am Abend wurde das Haar, das geschnitten wurde an einem Stein befestigt.

Dann ging Kahu mit Ihenga zum Koari , wo die *Ueta* der Leiche zurückgelassen worden war, und chantete dort ein *Karakia* . Dann ruhten sie sich für die Nacht aus.

Am nächsten Morgen war die Zeremonie des *Reinen* beendet und das folgende *Karakia* wurde von Kahu gesungen :

Vervollständige den Ritus der Reinen,

Dadurch wirst du frei sein

Der böse Einfluss von Po,

Die bezaubernde Kraft von Po.

Befreie das Kanu von der Heiligkeit, oh Rangi ;

Das Kanu, das unversehens stolpert, oh Rangi ;

Das Kanu des unerwarteten Todes, oh Rangi .

Dunkelheit für die Tipua , Dunkelheit.

Dunkelheit für den Antient-eins, Dunkelheit.

Etwas Licht oben,

Etwas Licht unten.

Licht für die Tipua , Licht.

Licht für den Antient-eins, Licht.

Der *uwha* 41 wird in die Luft gehalten.

Ein Druck, ein Druck.

Schutz vor Tu.

Danach gingen sie zum Essen; und der Ofen des *Kohukohu* [42] wurde geöffnet. Während Hine- te - kakara (die duftende Jungfrau) den Ofen aufdeckte , achtete sie darauf, ihr Gesicht zur Seite zu wenden, damit der Duft der *Kumara* und der Dampf des heiligen Ofens nicht in die Nähe ihres Mundes gelangten und das Böse nicht kommen könnte zu ihr. Sie schluckte nicht einmal ihren Speichel, sondern spuckte ihn ständig weiter aus.

Als das Essen vor Kahu und Ihenga serviert wurde , nahm Ihenga etwas von dem *Kohukohu* , in das zwei *Kumara* eingewickelt waren , und hielt es in seiner Hand, während Kahu das folgende *Karakia sang* :

Rangi , großer Rangi ,

Langer Rangi , dunkler Rangi ,

Darkling Rangi , White-Star Rangi ,

Rangi war in Nacht gehüllt.

Tane der Erste, Tane der Zweite,

Tane der Dritte usw.

(Wiederholt an Tane am zehnten).

Tiki, Tiki des Erdhügels,

Tiki sammelte sich in den Händen,

Hände und Beine formen,

Und die Mode eines Mannes,

Woher kamen lebende Menschen.

Toi,

Rauru ,

Whetima ,

Wetango ,

Te Atua- hae ,

Toi - te - huatahi ,

Tuamatua ,

Houmaitahiti ,

Ngatoroirangi ,

Und dein erstgeborener Mann

Jetzt im Licht des Tages leben.

Während Kahu dies chantete, hielt Ihenga den *Kohukohu in der Hand* . Kahu
fuhr dann mit der direkten männlichen Linie fort –

Tangihia ,

Tangimoana ,

Tumakoka ,

Tukahukura ,

Tuhoto ,

Tarawhai .

Damit endete die Rezitation von Kahu, und er fuhr mit seinem eigenen Vers
fort:

Houmaitahiti ,

Tama ,

Tuhoro ,

Und für deine zum Leben geborenen Nachkommen,

Und ans Tageslicht.

Das ist dein *Kohukohu* der *Horohoronga* ,

Tapu zu verringern .

Tapu befreit .

Er geht sicher dorthin, wo Essen gekocht wird,

An die bösen mächtigen Geister der Nacht,

An die freundlichen, mächtigen Geister der Nacht,

An die bösen mächtigen Geister des Lichts,

An die freundlichen, mächtigen Geister des Lichts.

Dann wurde das *Kohukohu* den Steinbildern als Nahrung dargebracht und für Houmaitahiti , für Ngatoroirangi , für Tama-te-kapua und für Tuhoro aufgeteilt und ihnen in den Mund gedrückt43 -Nachdem dies geschehen war, nahm Ihenga ein weiteres *Kohukohu* auf , hielt es in der Hand und hob es in die Höhe, während Kahu das folgende *Karakia sang* :

Für Hine-nui-te-po,

Für Whati - uri - mata -kaka,

Für die bösen alten Frauen der Nacht,

Für die freundlichen alten Frauen der Nacht,

Für die bösen alten Frauen von Day,

Für die freundlichen alten Frauen von Day,

Für Kearoa ,

Wessen Nachkommen werden zum Leben geboren,

Und zum hellen Licht des Tages,

Dieses *Kohukohu* wird für Sie angeboten,

Der *Kohukoku* der *Ruahine* .

Er ist frei, er ist kein *Tapu mehr* .

Die weiblichen *Atua wurden dann* wie im ersten Fall mit dem *Kohukohu* gefüttert . Dann wurde ein Teil des *Kohukohu* für die Mutter, Whaka-oti-rangi, geopfert. 44

Wende dich ab, Nacht,

Komm Tag.

Das ist der *Kohukohu* der Freiheit,

Und Befreiung von *Tapu* .

Nachdem dies geschehen war, nahm Ihenga einen weiteren *Kohukohu* und hielt ihn in der Hand hoch, während Kahu Folgendes sang:

Nahaufnahme der Nacht, Nahaufnahme des Tages,

Nahaufnahme der Nacht als sanfter Südwind.

Das *Tapu* des Essens

Und das *Mana* des Essens,

Die Nahrung, mit der du gefüttert wirst,

Das Essen von Kutikuti ,

Das Essen von Pekapeka ,

Das Essen von Haua-te-rangi .

Ich esse, Uenuku isst.

Ich esse, Kahukura isst.

Ich esse, Rongomai isst.

Ich esse, Ihungaro isst.

Ich esse, Itupaoa isst.

Ich esse, Hangaroa isst.

Ich esse, Ngatoro-irangi isst.

Ich esse, Tama isst.

Dies endete, Kahu ging folgendermaßen vor:

Wenn ich vom Abgrund falle,

Lass mir nicht schaden.

Taramoa falle ,

Lass mich nicht zerkratzt werden.

Wenn ich von den *Maihi* [45] von *Tohungas* Haus esse,

Lass mir nicht schaden.

Sei du der Unterste,

Während ich ganz oben bin.

Gib mir dein *Mana* , um es niederzuschlagen.

Schließe deine geistverschlingenden Zähne fest.

Schließe deine menschenfressenden Zähne fest.

Dann spuckte Kahu auf den *Kohukohu* , hauchte darauf und bot ihn Tama an , das heißt dem Bild von Tama-te-kapua . Kahu und Ihenga aßen dann das für sie im heiligen Ofen zubereitete Essen. Ihenga aß mit einer Gabel, während er gleichzeitig Kahu mit der linken Hand fütterte.

Die gleichen Zeremonien wurden beim Abendessen beobachtet.

Acht Tage nach der *Pure- Zeremonie empfand* das Herz von Ihenga einen Wunsch. Er war vom schönen Gesicht Hinetekakaras angetan ; Also fragte er Kahu: „Wann werden wir beide frei von *Tapu sein* ?" Kahu antwortete: „Wir zwei werden nicht so schnell frei sein." "Oh! Sei schnell", sagte Ihenga , „damit ich zu meinen älteren Brüdern, meiner Mutter und meinen Schwestern zurückkehren kann." Kahu sagte: „Du wirst nicht bald entlassen – nicht, bis das *Tapu* vollständig von dir entfernt wurde." „Wie viele Nächte danach?"

Kahu antwortete: „Zwanzig Nächte."

„Ho! Was für eine sehr lange Zeit", sagte Ihenga , „für unser *Tapu* ."

Die Einwände des jungen Mannes endeten hier; aber nicht lange danach beharrte er auf die gleiche Weise. Daraufhin begann Kahu zu überlegen – „ Ha!" Worauf beharrt mein Neffe?" Also fragte er: „Warum hast du es so eilig, von *Tapu befreit zu werden* ?" Dann sagte der junge Mann: „Wessen Tochter ist die Jungfrau, die unser Essen kocht?"

„Meins", antwortete Kahu.

„Meine Angst", sagte Ihenga , „dass jemand sie haben könnte."

„Ich dachte, da muss etwas sein."

„Lass nicht zu, dass ein anderer Mann sie hat."

„Deine Cousine soll deine Frau sein", sagte Kahu und rief das Mädchen: „Komm her, Mädchen, in die Nähe der Tür."

Ihenga übergeben werden sollte .

Dann sagte Kahu: „Dein Cousin hat Sehnsucht nach dir."

„Es ist gut", antwortete das Mädchen.

"Oh! „Meine Kinder", murmelte Kahu. Anschließend warnte er seine Tochter davor, das Haus zu betreten, in dem sich junge Leute vergnügen.

„Ich gehe nie ins Spielhaus", antwortete Hinetekakara , „ich schlafe immer bei meiner Mutter in unserem eigenen Haus." "

„Das machst du gut", sagte Kahu; „In zwanzig Tagen werden wir beide von unserem *Tapu befreit sein* ."

So lebten sie beide weiterhin allein in ihrem heiligen Haus, und die Jungfrau kochte immer Essen für sie; und als der von Kahu festgelegte Tag kam, schickte er Ihenga in einem Kanu zum Fischfang, um die Zeremonie der Entfernung des *Tapu abzuschließen* . Die Fische wurden gefangen und zwei Öfen zum Garen vorbereitet – ein heiliger Ofen für die *Tohunga* , also Seher, die sich mit heiligen Überlieferungen auskennen, und ein kostenloser Ofen für die *Tauira* , also diejenigen, die in heiligen Überlieferungen unterrichtet werden. Und als das Essen gekocht war , versammelten sie sich, um es zu essen: Die *Tohunga* auf der rechten Seite fütterten sich gegenseitig mit der Hand, und die *Tauira* auf der linken aßen großzügig ihr unheiliges Essen. Dies geschah, um das Gewicht der *Tapu zu verringern* , damit sie frei sein konnten. Als dies alles erledigt war und sie keine *Tapu mehr waren* , wurde Hinetekakara die Frau von Ihenga .

Am nächsten Morgen suchte Ihenga nach dem Grünstein *Kaukaumatua* und fand ihn an der Stelle, an der Tuhoro ihn begraben hatte. Dann befestigte er es am Ohr von Hinetekakara und forderte sie auf, den Schatz ihrem Vater zu zeigen. Als Kahu seinen verlorenen Schatz am Ohr seiner Tochter hängen sah, drückte er seine Gefühle mit Tränen und Worten der Zuneigung für seinen toten Bruder aus, und als der *Tangi* oder die Klage beendet war, forderte er sie auf, den Schatz für sich und ihre Cousine zu behalten.

Einige Zeit später wurde Hinetekakara schwanger und Ihenga ging *Kiwi* für ihren *Turakanga fangen* . [46] Er nahm seinen Hund Potakatahiti mit , einen von derselben Rasse wie der gleichnamige Hund, der von Toï und Uenuku verschlungen wurde. [47] Er überquerte den Kawa-Sumpf und ging nach Papanui. Als er an der Kreuzung bei Waipumuka ankam, stieg er den Hügel Paretawa hinauf . Von dort ging er weiter nach Hakomiti und Pukerangiora und begann mit der *Kiwi- Jagd* . Der Hund verspürte die Hitze und wurde durstig. Er machte sich auf die Suche nach Wasser und jagte gleichzeitig *Kiwis* . Als er eine *Kiwi fing* , ließ er sie auf dem Boden liegen. Schließlich rannte ein *Kiwi* einen langen Weg und versuchte zu entkommen, indem er in einen See rannte, wo der Hund ihn fing . Der Hund fing dann an, mit seinem Maul den kleinen Fisch namens *Inanga* zu fangen ; Und nachdem er seinen Bauch gefüllt hatte, kehrte er auf dem Weg zurück, den er gekommen war, wobei er stets die *Kiwis* aufhob, die er auf dem Boden gelassen hatte, und sie in seinem Maul trug, bis er seinen Herrn erreichte, und legte sie vor ihm auf den Boden. Als Ihenga sah, wie der Hund vor Wasser triefte, sagte er zu seinen Gefährten: „Ho! Der Hund hat Wasser gefunden. Unten ist vielleicht ein See." Sie machten sich dann aber nicht auf die Suche, denn sie waren damit beschäftigt, Essen zuzubereiten. Währenddessen begann der Hund vor Ihenga auf dem Boden zu rollen , mit dem Bauch nach oben. Dann legte es sich hin, aber nicht lange danach begann es zu erbrechen, und man sah die *Inanga auf dem Boden liegen.* Dann machten sie sich auf die Suche nach dem Wasser, und der Hund rannte hin und wieder bellend vor ihnen her, um seinem Herrchen mitzuteilen, in welche Richtung er ging. Auf diese Weise gelangten sie bald zum See. Schwärme von *Inanga* sprangen auf dem Wasser; Sie machten ein Netz aus Farnzweigen, fingen eine große Menge und kochten einige davon zum Essen. Danach kehrten sie nach Maketu zurück und trugen Körbe voller *Inanga* , um sie Kahu zu zeigen, damit er erfuhr, wie reich der See an Nahrung war. Ihenga nannte den See Te Roto- iti -kite-a-Ihenga (=der von Ihenga entdeckte kleine See) und beanspruchte ihn damit als Besitz für seine Kinder.

Als sie Maketu erreichten, erzählte Ihenga Kahu von dem See, den er entdeckt hatte.

"Wo ist es?" fragte Kahu.

„Jenseits der Hügel.“

„Ist es noch weit weg?“

„Ja“, sagte Ihenga .

„Jenseits der ersten Hügelkette?“ fragte Kahu.

„Auf der sechsten Hügelkette“, sagte Ihenga .

"Oh! es ist nahe“, sagte Kahu.

Dann forderte Ihenga seine Gefährten auf, Kahu das mitgebrachte Essen zu zeigen.

Aber Kahu sagte: „Nein; lass es bis morgen in Ruhe.

Turakanga -Zeremonie vorbereitet . Hinetekakara tauchte in den Fluss und es entstanden zwei Erdhügel – einer für ein männliches Kind und einer für ein weibliches Kind. Der Weg des Todes wurde abgebrochen und der Weg des Lebens bereitet. Dann trat die Frau mit einem Fuß auf den Hügel für das männliche Kind und mit dem anderen Fuß auf den Hügel für das weibliche Kind. Dann rannte sie und stürzte sich in den Fluss, und als sie an die Oberfläche kam, schwamm sie an Land, legte ihr *Tawaru* an und kehrte zu ihrem Haus zurück.

Als das Essen gekocht war, versammelten sich alle Männer, um es zu essen – die Männer des Geschlechts der Houmaitahiti . Es gab sechshundert *Kiwi* und zwei Körbe *Inanga* . Und während er aß, murmelte Kahu: „Ho! ho! Was für ein erstklassiges Essen für mein Enkelkind.“

Nach einiger Zeit wurde ein Kind geboren und erhielt den Namen Tama-ihu-toroa , und als seine Gliedmaßen stark wurden, so dass es sich von einer Seite zur anderen drehen konnte, sagte Kahu zu Ihenga : „Geh und suche Land für dein Kind.“ .“

KAPITEL VI.

Land beanspruchen und benennen.

Kein Ort auf der Welt erhielt jemals einen Namen, der nicht erklärt werden konnte, obwohl es Hunderte solcher Namen gibt, für die wir jetzt keine Erklärung geben können. – *Farrar on Language* , S. 22.

Ihenga machte sich mit vier Gefährten auf den Weg. Er ging in eine andere Richtung als seine bisherige Reise. Er ging nun über Mataparu , Te Hiapo , Te Whare- pakau -awe . Als er auf dem Gipfel des Bergrückens angekommen war, blickte er zurück zu Maketu und begrüßte sein dortiges Zuhause. Dann drehte er sich um und sah den Dampf der heißen Quellen von Ruahine . Da er glaubte, es handele sich um den Rauch eines Feuers, sagte er zu seinen Gefährten: „Ha! Dieses Land wurde von jemandem in Besitz genommen . Lasst uns weitermachen." Sie betraten den Wald und gelangten, nachdem sie ihn durchquert hatten, zu einem Wasserfall. Danach kamen sie zu einem See, in dem sich eine große Insel befand. Als ich am Ufer des Sees entlangging, gab Ihenga verschiedenen Orten Namen. Als sie an einer Landspitze ankamen, die in den See hineinragte und die er Tuara-hiwi-roa nannte , machten sie halt; Denn sie sahen einen Schwarm Krähenscharben, der auf den Baumstümpfen im See saß. Sie machten Fallen und befestigten sie an einer Stange, um die Zotteln zu fangen, und legten die Stange auf die Baumstümpfe. Plötzlich saßen die Shags auf der Stange und wurden von den Schlingen gefangen, einige an den Beinen, andere am Hals. Aber die Kerle flogen mitsamt den Schlingen davon, mitsamt der Stange. Die jungen Männer dachten, sie würden im See landen, aber Ihenga sagte: „Nein, sie fliegen weiter; Sie werden auf Te Motu- tapu -a- Tinirau landen ." Ihenga hatte der Insel diesen Namen gegeben, die später von Uenuku-kopako Mokoia genannt wurde .

Dann machte sich Ihenga allein auf die Suche nach seinen Vögeln am Ufer des Sees. Er kam an Ohinemutu vorbei, wo er die heißen Quellen und den Dampf fand, den er für den Rauch eines Feuers gehalten hatte. Als er den Hügel bei Kawaha erreichte , blickte er hinunter und sah den Rauch eines Feuers, das unten in Waiohiro brannte ; Also dachte er bei sich: „Soll ich weitermachen oder nicht?" Er entschied sich für Nein; Denn er sah ein Netz in der Nähe einer Bühne hängen, auf dem Essen lag, und machte sich auf die Suche nach dem *Tuahu* oder heiligen Ort für das Netz. Als er es gefunden hatte, machte er sich sofort daran, die Erde, die Pfosten und das alte verfallende *Inanga* wegzuschaffen , um sich an der Klippe von Kawaha ein *Tuahu zu bauen* . Dann brachte er frische Erde und neue Pfosten zum *Tuahu* des Mannes des Ortes und trug einige Pfosten weg, die teilweise vom Feuer verbrannt waren. Er entfernte auch die Rinde von *Koromuka-* und *Angiangi-Zweigen* , befestigte sie mit Flachs und stellte sie in der Umzäunung des *Tuahu auf*, das dem Mann des Ortes gehörte. Als Ihenga dies alles heimlich getan hatte, gab er seinem eigenen *Tuahu den Namen* Te Pera -o- tangaroa und ging weiter zu der Stelle, wo das Feuer brannte.

Sobald er gesehen wurde, schwenkten die Leute des Ortes ihre Umhänge und riefen Willkommensrufe. Und als die *Uhunga* -Zeremonie beendet war, erkundigte sich der Häuptling, dessen Name Tu-o- rotorua war , wann Ihenga zum See gekommen sei.

„Ho! Das ist mein eigenes Land", sagte Ihenga .

„Wo ist dein Land?" fragte Tu.

„Na ja, genau dieses Land", antwortete Ihenga . „Ich sollte Sie lieber fragen, wie lange Sie schon hier sind?"

„Warum, ich bin schon so lange hier."

„Nein, nein! Ich war hier als erstes."

„Nein", sagte Tu, „ich und dein Onkel waren zuerst hier."

Ihenga blieb jedoch bestehen. „Ho! Sicherlich bist du zuletzt gekommen. Das Land gehört mir."

„Welches Zeichen hast du", sagte Tu, „um zu zeigen, dass das Land dir gehört?"

"Was ist Ihr Zeichen?" antwortete Ihenga .

„A *tuahu* ", sagte Tu.

„Komm", sagte Ihenga , „lass mich deinen *Tuahu sehen* . " Wenn Ihr *Tuahu* älter ist als meiner, waren Sie wirklich der Erste und das Land gehört Ihnen."

Tu stimmte zu und ging voran zu seinem *Tuahu* . Als sie dort ankamen, sah es aus, als wäre es neu gemacht worden.

Dann sagte Ihenga : „Jetzt komm und sieh dir mein *Tuahu an* , und mein *Ngakoa* . [48] So gingen sie zusammen zum Pera -o- tangaroa , wo sie einen Haufen verwesenden und getrockneten alten *Inanga fanden* , den Ihenga von den *Tuahu* von Tu-o- rotorua dorthin gebracht hatte . Als Tu sie und die alten verbrannten Pfähle sah, die Ihenga gestohlen hatte, war er so verwirrt, dass er fast davon überzeugt war, dass Ihenga der Erste gewesen sein musste, der das Land besetzt hatte. Er sagte jedoch: „Lass mich dein Netz sehen."

„Komm höher", sagte Ihenga , „und ich werde dir mein Netz zeigen." Und dann zeigte er auf eine Markierung auf einer fernen Klippe, die durch einen Erdrutsch entstanden war.

„Das ist doch ein Erdrutsch", sagte Tu.

„Nein", sagte Ihenga , „es ist ein ganz neues Netz." Schauen Sie sich das andere Netz an, das hängt und schwarz aussieht; das ist das alte Netz."

Tu dachte, es müsse so sein, wie Ihenga sagte, also stimmte er zu, das Land zu verlassen und fragte gleichzeitig, wer auf der Insel lebe.

„Der Name der Insel", sagte Ihenga , „ist Motutapu - a- Tinirau . Ich habe es benannt."

Dann sagte Tu: „Willst du nicht damit einverstanden sein, dass ich dort lebe?"

„Ja", sagte Ihenga , „du darfst auf die Insel gehen." Damit gelangte das Festland in den Besitz von Ihenga .

Dann lieh sich Ihenga ein kleines Kanu von Tu und machte sich auf die Suche nach seiner Herde Zotteln. Er fand sie hängend in einem *Kahikatea*-Baum in der Nähe von Waikuta . Er nannte den Bach diesen Namen wegen der Pflanze *Kuta* , die dort reichlich wuchs. Er nannte das Land Raroa , wegen der Länge des Tages, die er in seinem Kanu verbrachte. Er kletterte auf den Baum, warf die Vögel herunter und legte sie in das Kanu. Dann ging er weiter und kam zu einem Fluss, den er später Ngongotaha nannte . In der Nähe gab es einen Hügel, dem er den gleichen Namen gab. Der Hügel gehörte den Patupaiarehe oder Feen. Sie hatten einen *Pa* auf dem Hügel namens Tuahu - o- te -atua. Er hörte sie auf dem *Putorino* , [42] dem *Koauau* , [42] und dem *Putara* spielen ; [42] Also dachte er, dass dort Männer leben müssten. Er stieg den Hügel hinauf und als er näher kam, hörte er die Geräusche von *Haka* und *Waiata* : —

Ein Kanu, ein Kanu,

Ein Kanu aus Flachs, ein Kanu.

Züchte *Kawa* ,

Blaze *Kawa* .

Vorsichtig festbinden

Mit einem Blatt Flachs,

Flammendes *Kawa* .

Whakatauihi hat diesen *Haka gemacht* . Von ihm stammte auch das Sprichwort: „ *ko te. "ure Tonu ; ko te Raho Tonu* ." Er war es, der den Tod von Tuhuruhuru rächte. [50]

Als Ihenga näher kam, bemerkte er, dass es sich nicht um Männer, sondern um *Atua handelte* . Auf einem Baum brannte ein Feuer. Also blieb er plötzlich stehen, um sie anzusehen, während sie ihn ansahen. „Ein *Nanakia* ", rief einer von ihnen und rannte nach vorne, um ihn aufzufangen. Aber Ihenga floh und zündete im Laufen den trockenen Farn mit einer brennenden Fackel, die er in der Hand hielt, an. Der ganze Farn stand in Flammen und der Stamm der Feen floh in den Wald und auf die Hügel. Dann ging Ihenga zurück, um sich ihren *Vater* anzusehen, der vom Feuer verbrannt worden war. Dort fand er den *Kauae* oder Kieferknochen eines *Moas* , weshalb er den Ort Kauae nannte . Dann kehrte er zum Ufer des Sees zurück und fuhr mit seinem Kanu weiter. Er nannte den Hügel Ngongotaha , wegen der Flucht der Feen.

Ihenga paddelte am Ufer des Sees entlang und gab dabei vielen Orten Namen – Weriweri , Kopu , Te Awahou , Puhirua – letzteres nannte er so, weil der an seinem *Paiaka* befestigte Federstrauß abfiel. An einer anderen Stelle sprang der *Inanga* aus dem Wasser und einige fielen in sein Kanu, weshalb er es Tanewhiti nannte . Einen anderen Ort benannte er aufgrund eines prahlerischen Gedankens in seinem Kopf: Tu- pakaria -a- Ihenga (Ihengas Prahlerei). Er kam am Fluss Ohau vorbei . Als er zum ersten Mal an den See kam, hatte er diesen Fluss nach dem Namen seines Hundes benannt. Als der Hund hinüberschwamm, wurde er von einem Strudel angezogen und ertrank. Als nächstes kam er zu dem Erdrutsch auf dem Berg, von dem er Tu glauben gemacht hatte, es handele sich um ein Netz. Er nannte es Te Tawa, weil er dort eine Stange zum Schieben des Kanus zurückgelassen hatte, die aus dem Holz *Tawa gefertigt war* . Die Stange steckte so fest im Boden, dass er sie nicht herausziehen konnte, also ließ er sie dort. Nachdem er den Punkt Tuara-hiwi-roa passiert hatte , kam er in Sichtweite seiner Gefährten. Der Ruf ertönt: „Oh! es ist Ihenga . Kommen Sie her, kommen Sie her, Sir – paddeln Sie hierher. Seine Frau rannte zum Wasser hinab, als das Kanu den Strand berührte.

„Sehen Sie, was für Lebensmittel Sie da haben", sagte Ihenga . Hine- te - kakara fing ein Bündel Ratten ein, und als sie ihre Zähne sah , rief sie „ē, ē, *he niho.* " *kiore* " (eh! eh! ein Rattenzahn). Daher wurde der Ort Te genannt Niho -o - te - kiore . Wieder stieß sie einen Ausruf der Bewunderung über den Vogelhaufen aus: „In der Tat, in der Tat, ein wunderbarer Haufen. Kommen Sie, meine Herren, kommen Sie und schauen Sie es sich an." Deshalb wurde dieser Ort auch „Kahui-kawau" oder Scharenherde genannt. Dann wurden die Vögel gekocht und am nächsten Tag machten sie sich alle auf den Weg, um nach Maketu zurückzukehren. Sie gingen Kahu holen. Das

Essen, die Shags, das Rattenbündel, der *Inanga -Kürbis* und der *Porohi -Kürbis* [51]— ein verlockender Köder, um Kahu zum Kommen zu bringen.

Sie erreichten den Hiapo und ruhten dort die Nacht. Kuiwai und Haungaroa gaben diesen Namen, weil sie ihren Bruder Hiapo dort zurückließen und er dort starb. Hiapo sah den *Koko* zwischen den Bäumen hüpfen und blieb zurück, während seine Schwestern nach Maketu aufbrachen, um Nachrichten von Hawaiki nach Ngatoroirangi zu überbringen .

Totarakeria erreichten, wurden sie vom *Pa* aus von Tawaki gesehen . Dann erklangen Rufe vom *Vater*: „Komm, vom Himmel gesandter Gast, den mein Kind von jenseits des Himmels hierher gebracht hat." Komm, komm." Sie kommen an – der *Tangi* beginnt – dann werden Reden gehalten. Währenddessen wird Essen zubereitet. Als sie mit dem Essen fertig waren, sagte Tawaki zu Ihenga : „ Erzählen Sie uns von Ihren Reisen." Woher kommst du, verlorener?"

„Ich habe ein Meer gesehen", sagte Ihenga , „ich habe dort einen Mann gefunden."

"Wer ist der Mann?" fragte Tawaki .

„ Marupunga-nui und sein Sohn."

Sie alle wussten, dass der Sohn Tu-o- rotorua war . Also fragte Kahu: „Wo sind dein Onkel und sein Vater?"

„Sie bleiben dort", sagte Ihenga , „Ich habe sie auf die Insel gehen lassen."

„Gut gemacht, Schwiegersohn", sagte Kahu.

Tawaki im Hof von Whitingakongako auf einen Haufen gelegt . Und Tawaki sagte zu seiner Schwester: „Gib etwas für mich und deinen Vater." Also gab sie das Bündel Ratten und die Zotteln und den *Inanga -Kürbis* und die anderen Fische. Und Tawaki und sein Vater schickten sie zu ihrem eigenen Wohnort.

Während er das Essen aß, rief Kahu: „Ha! Ha! Nahrung, die vom Himmel gesandt wurde, Nahrung von Aotearoa . Warum Ihr Land Hawaiki ist. Essen fällt in deinen Mund."

„Ja, ja", sagte Ihenga , „zünde zuerst den Ofen an. Wenn es erhitzt ist, holt man die Lebensmittel in Körben voll aus diesem Meer."

Dann sagte Kahu: „Ah! Dieses Land ist ein Land für dich und für deine Frau und für deine Nachkommen."

„Lasst uns alle dorthin gehen", sagte Ihenga . Dem stimmte Kahu zu.

Dann sagte Ihenga : „Lass das *Mana* dieses Landes an dich gehen." Du bist der *Ariki* dieses Landes – du und deine Nachkommen."

„Ja", antwortete Kahu. „Da du, mein *Ariki* , ein so großer Gentleman bist, dass du dem Sohn des jüngeren Bruders befiehlst, in deinem Land zu wohnen. Ja – ich bin damit einverstanden, dass wir alle gehen."

Hinetekakara mitgebrachte Essen unter dem ganzen Stamm verteilt.

Zehn Tage später verließen sie Maketu, zwanzig an der Zahl, zehn aus dem Rang eines Häuptlings und zehn Männer, um Lebensmittel zu transportieren. Als sie den kleinen See erreichten, den Ihenga entdeckt hatte , sagte er zu Kahu: „Du bist der *Ariki* dieses Sees." Daher das Lied von Taipari –

Durch Hakomiti war dein Weg hierher

An Paripariteai und an deinen Rotoiti,

Ihenga entdeckt ,

Davon war Kahu *Ariki* .

Von dort gingen sie weiter nach Ohou -kaka, so benannt von Kahu nach einer Papageienfeder *hou -kaka* , die er aus den Haaren seines Kopfes nahm und in den Boden steckte, um für diesen Ort ein *Taniwha* oder Geistermonster zu werden. Als sie den Ort erreichten, an dem ihre Kanus zurückgelassen worden waren , ließen sie zwei davon zu Wasser, ein kleines heiliges Kanu für Kahu und ein großes Kanu für die anderen. Dann schifften sie sich ein, und als sie entlang paddelten und sich einem bestimmten Strand näherten, warf Kahu seine Kleider ab und sprang nackt an Land. Seine beiden Enkel, Tama-ihu-toroa und Uenuku , lachten und riefen „Ho! ho! Schau, da sind Kahus Beine." Daher wurde der Ort Kuwha - rua -o-Kahu genannt . Auf diese Weise gingen sie weiter und gaben Orten Namen, die zuvor noch nicht genannt worden waren, bis sie den Rotorua-See erreichten. Sie landeten in Tuara-hiwi-roa , blieben dort mehrere Nächte und bauten ein *Whata* oder Lebensmittellager auf Pfosten; Daher wurde dieser Ort Te genannt Was für ein .

Dann gingen sie weiter über die heißen Quellen und erreichten Te Pera -o- tangaroa und Wai-o- hiro , der Bach, an dem früher Tu-o- rotorua lebte. Als nächstes kamen sie nach Ngongotaha , das Kahu nach seinem Garten in Maketu Parawai nannte.

Taramainuku zu besuchen . Taramainuku und Warenga , die älteren Brüder von Ihenga , hatten das Land bei Moehau verlassen . Ersterer war zu den Wairoa in Kaipara gegangen, letzterer zu den Kawakawa in der Bay of Islands und hatte sich dort niedergelassen. Also machte sich Kahu mit seinem Schwiegersohn Ihenga , seinem Sohn Tawaki und einigen Reisegefährten auf den Weg. Er hinterließ in Parawai seine Tochter Hine- te - kakara und ihren

Sohn Tama-ihu-toroa . Er verließ auch Uenuku , den Sohn von Tawaki , und seine Frau Waka- oti - rangi , um Parawai als dauerhaften Wohnsitz für sie zu behalten.

Als sie die Hügel erreichten, ruhten sie sich aus und Kahu suchte Schutz unter einem *Rata-* Baum, den er Te nannte Whaka - marumaru -o-Kahu (Kahus Unterschlupf). Daraufhin bemerkte Ihenga , dass Kahu dem Land seinen eigenen Namen gab, und zeigte auf einen *Matai-* Baum. Denn er sah eine Wurzel aus dem Stamm des Baumes ragen, die einem Menschenschenkel glich; er nannte es daher Te Ure -o- Tuhoro . Er benannte es nach *der Absicht* seines Vaters , den Namen seines Schwiegervaters Kahu zu verdrängen, damit der Ort an seine eigenen Nachkommen gehen konnte. Und es ging an seine Nachkommen und ist jetzt im Besitz von Ngatitama . Als sie weitergingen, fing Kahus Hund einen *Kakapo* und so nannte er den Ort Te Kakapo. Etwas weiter kamen sie an einen Teil des Hügels, wo ein Stein aus der Klippenwand ragte. Dann sang Kahu ein *Karakia* namens *Uru - uru - whenua* : —

Ich komme nach Matanuku ,

Ich komme nach Matarangi ,

Ich komme in dein Land,

Ein Fremder.

Nähre dich vom Herzen des Fremden.

Schläft mächtige Geister ein,

Alte Geister einschläfern lassen,

Nähre dich vom Herzen des Fremden.

Deshalb nannte er den Ort Matanuku , dieser Name bleibt bis heute bestehen.

Als er am Ufer des Flusses Waikato ankam, überquerte er den Fluss und ruhte sich aus, während das Essen zubereitet wurde. Die jungen Männer waren sehr zögerlich und Kahu war wütend über ihre Faulheit; Deshalb nannte er den Ort Mangare . Danach gelangten sie zum Fluss Waipa , den sie überquerten, über Pirongia nach Waingaroa und von dort am Meeresstrand entlang bis zur Mündung des Flusses Waikato. Hier stießen sie auf Ohomairangi . Er kam in Tainui. Er war der Bruder von Tuikakapa , einer Frau von Houmaitahiti , und Mutter von Tama-te-kapua und Whakaturia .

Manuka- Pfosten als *Rahui oder heiliges Zeichen* errichtete . Hier bestiegen Kahus Gefährten ein Kanu, während er ein *Taniwha* oder Seeungeheuer dieses Ortes namens Paikea überredete, ihn auf dem Rücken zu tragen. Schließlich näherten sie sich Kaipara und stießen mit einigen Männern von Taramainuku zusammen, die sie in ihren Kanus nach Pouto brachten , wo Tara am Ufer des Flusses Wairoa wohnte.

Der *Tangi* erklang und es folgten Begrüßungsreden : „ Komm her, komm her, mein Vater." Kommen Sie uns besuchen und schauen Sie sich uns an. Ich habe deinen älteren Bruder und deinen Vater im Stich gelassen" (was bedeutet, dass ihre Leichen in Moehau begraben wurden).

Dann sprach Kahu : „ Willkommen, willkommen, mein *Ariki* ." Seht uns hier an. Ich, der Leidende, komme zu dir. Ich dachte, dass du, mein *Ariki* , mich suchen würdest. Aber es ist gut, denn ich sehe dich jetzt von Angesicht zu Angesicht, und du siehst mich auch. Ich und dein jüngerer Bruder werden an unseren Heimatort zurückkehren, damit ich auf dem Land sterben kann, das dein Großvater in seinen Abschiedsworten an mich und meinen älteren Bruder als Land für dich bezeichnet hat. Wegen unseres Streits um den Garten wurde ich von meinem älteren Bruder im Stich gelassen. Aber dieses Land ist nicht nur für den jüngeren Bruder – nein, es ist für euch alle gleichermaßen. Aber ich werde mich nicht von deinem jüngeren Bruder trennen, und deshalb habe ich ihm deinen Cousin zur Frau gegeben."

„Es ist gut", sagte Taramainuku ; „Hat dein Sohn Tawaki nicht ein Kind?"

„Ja, Uenuku ."

„Dann nimm seinen Cousin mit nach Hause, um ihn zur Frau zu machen."

Dem stimmte Kahu zu. Daher wurde Taramainukus Tochter Hine- tu - te- rauniao Kahu übergeben, damit sie mit ihm nach Rotorua zurückkehren sollte. Der Sohn von Uenuku und Hine war Rangitiki .

Dann stellte Taramainukus Frau Essen vor die Gäste: *Toheroa* [53], Aale, *Hinau* [54], *Kumara* , *Hue* [55] und einen Korb mit *Para* . [56]

Para sah , fragte er: „Was ist das für ein Essen?"

„Es ist *para* ", antwortete sein Neffe.

„Und wo wächst es?" fragte Kahu.

„Es wächst im Wald."

„Ho!" sagte Kahu, „das ist das Essen, das dein Vorfahre gegessen hat." Es ist das *Raho* deines Vorfahren Tangaroa. Dies ist das erste Mal, dass ich *Para* probiert habe . Du musst diesen Ort Kaipara nennen."

Kahu kehrte von Kaipara nach Hause zurück, aber Ihenga blieb bei seinem älteren Bruder. Kahu kehrte über Waitemata zurück und bestieg in Takapunga ein Kanu . Er kam an Motu- ihe und Paritu nördlich von Waiheke vorbei und überquerte die Grenze nach Moehau . Dort fand er Huarere und seine Familie. Als der *Tangi* zu Ende war, wurden Reden gehalten. In der Zwischenzeit wurde das Essen zubereitet; und als sie mit dem Essen fertig waren, sagte Huarere : „Dein *Papa* (Onkel) war hier.“

"WHO?" fragte Kahu.

„ Ngatoro-i-rangi .“

„Ho! wo ist er?"

„Er ist weg“, antwortete Huarere . „Er ist gekommen, um dich zu suchen. Er hat einen Stein als Zeichen für dich aufgestellt.“

„ē, ē, mein *Papa* , ē, ē“, murmelte Kahu.

Huarere fuhr fort: „Nach der Ankunft deines *Papas ging er sofort los, um die Knochen von* Tama und Tuhoro auszugraben .“

„Das ist gut“, sagte Kahu.

Nachdem Kahu und seine Gefährten drei Nächte geblieben waren, kletterten sie zusammen mit Huarere auf den Gipfel des Berges, wo Tama-te-kapua zum Schlafen gelegt worden war. Daher wurde der Berg Moe- hau -o- Tama oder „Schlafende Heiligkeit von Tama“ genannt . Nach drei Nächten ging Kahu weiter in den Wald und stellte als Warnung ein *Ri* , *ein heiliges Zeichen, auf, um jeden daran zu hindern, diesen Weg weiter zu gehen.* Es bleibt bis heute dort. Dann stieg er zum Strand hinab, wandte sein Gesicht dem Berg zu und sang ein Klagelied zur Ruhestätte seines älteren Bruders; Daher wurde dieser Ort Tangiaro - o-Kahu genannt. Dann ging er zu dem Stein, den Ngatoro als Zeichen für ihn aufgestellt hatte. Dieser Ort heißt Te Kohatu - whakairi -a- Ngatoro , und der Stein bleibt bis heute dort. Dann stieg er auf einen anderen Hügel und legte einen Stein auf dessen Gipfel. Der Stein wurde Tokatea genannt . Von dort wanderten sie den Hügelkamm entlang, bis sie einen hohen Gipfel erreichten. Sie stiegen hinauf und blieben dort sitzen, während Kahu sich nach allen Seiten umsah. „Ho! ho!“ sagte Kahu: „Das ist eine Insel“ und wandte sich an Huarere : „Dein Land, mein Kind.“

Sie gingen den Hügelkamm entlang, um die Güte des Landes zu sehen. Die Güte des Landes wurde gesehen, und Kahu sagte zu seinem Neffen: „Die Güte des Landes ist dies; Es gibt zwei Fluten. Die Ostflut fließt, während die Westflut abebbt.“ Dann stiegen sie zum Wasser hinab, wo sie Fische sahen , die *Aua genannt wurden* . [57] Deshalb nannten sie das Wasser Wai-aua.

Kahu und Huarere trennten sich dann. Die Nachkommen von Huarere wuchsen dort auf und vermehrten sich, und all diese Länder füllten sich mit ihnen.

Kahu machte sich auf den Weg nach Rotorua und erreichte nach mehreren Tagen die Stelle, an der sich der Fluss Waihou in zwei Arme teilt. Dort ruhte er sich aus, und als er die sanfte Meeresbrise über der plätschernden Flut spürte, kamen Worte der Zuneigung über seine Lippen; Daher wurde der Ort Muri-aroha-o-Kahu (das Bedauern von Kahu) genannt. Sie gingen weiter und kletterten auf einen hohen Berg. Kahu blickte zum Meer und gab so seiner Zuneigung Luft: „Ah! meine Liebe zu Moehau , wehe dem Land meines Vaters und meines älteren Bruders, weit weg über dem Meer." Daher wurde dieser Berg Aroha-tai-o-Kahu genannt. Dann wandte Kahu sein Gesicht dem Land zu und murmelte liebevolle Worte zum Land bei Titiraupenga , zu Tia und Maka . Daher der Name des anderen Berges, Aroha-o-uta-o-Kahu. Anschließend reisten sie entlang des Bergrückens, den er Tau-o- hanga nannte . Dieser Name gehört zum gesamten Bergrücken von Moehau bis zum Wairoa.

Schließlich gelangten sie in den Wald, der sich bis nach Rotorua erstreckt. Es regnete und sie waren von Wasser durchnässt, das von den Bäumen tropfte. Dann rief Kahu Rangi an und der Regen hörte auf. Kahu nannte den Ort Patere -o-Kahu, weil er vom Regen durchnässt war. Bei der Geburt des Sohnes von Hopo erhielt das Kind den Namen Patetere .

Schließlich durchquerten sie den Wald und kamen in Parawai an. Ihre Reise war zu Ende, denn sie hatten den Wohnort seiner Tochter und seiner Schwiegertochter und der beiden Kinder Uenuku und Tama-ihu-toroa erreicht .

Am nächsten Tag sagte Hinetekakara zu Kahu: „Herr, Marupunganui ist zum Festland übergegangen."

"Wo?" fragte Kahu.

„Zu den Ngae ."

Dann sagte Kahu: „Morgen werden wir nach Motutapu fahren . "

Als es hell wurde, machten sie sich auf den Weg und fanden Tu-o- rotorua , der auf der Insel wohnte; aber sein Vater war nicht da. Tu begrüßte Kahu mit diesen Worten: „Komm, mein *Teina,* auf deine Insel, um ihr *Ariki zu sein* ."

„Ja", antwortete Kahu, „diese heilige Insel gehört mir; Aber verweile du, mein *Ariki* , weiterhin dabei."

So wurde die Insel Tu-o- rotorua überlassen . Aber das *Mana* des Landes gehörte Kahu. Daher das zuvor erwähnte Lied von Taipari [58]; denn Taipari entsprang der Rasse von Tama-ihu-toroa . Tamas Sohn war Tuara und Tuara war ein Vorfahre von Taipari .

Motutapu wegpaddelten, verabschiedete sich Kahu von Tu-o- rotorua : „ Bleib dort, mein Kind, du und dein Vater." Ach! dass ich deinen Vater nicht gesehen habe.

„Gehen Sie, Sir, gehen Sie", waren die Abschiedsworte von Tu. „Geh, um deinen Vorfahren zu bewachen; geh zum Arawa ."

Sie ließen ihre Kanus am Toanga zurück und fuhren weiter in Richtung Maketu. Unterwegs wurde Kahus Enkel durstig und schrie nach Wasser. Kahu hatte Mitleid mit dem Kind und sang ein *Karakia* , und als das *Karakia* beendet war, stampfte er auf den Boden, und Wasser kam heraus. Daher wurde dieser Ort Te Waitakahi - a- kahu (das Wasser von Kahus Stempel) genannt.

Kahu blieb danach in Maketu, starb und wurde dort begraben. Als er starb, ging das *Mana von Maketu an seinen Sohn* Tawaki-moe-tahanga . Als Tawaki starb, ging das *Mana- Rahar von Maketu an* Uenuku , der ebenfalls als alter Mann in Maketu starb. Dann verließ sein Sohn Rangitihi Maketu, ging nach Rotorua und ließ sich mit seiner ganzen Familie in Matapara nieder.

Als Kahu Ihenga in Kaipara am Wohnort seines älteren Bruders Taramainuku verließ , verabschiedete er sich von ihm : „ Herr, kehren Sie schnell zu Ihrem Kind zurück, meinem Enkelkind, Tama-ihu-toroa ." Verzögere nicht." Deshalb blieb Ihenga für kurze Zeit in Kaipara. Dann reiste er nach Norden und kam nach Ripiro . Das Essen an diesem Ort war *Toheroa* . Kupe stellte es dort als Nahrung für seine Tochter Tai- tu - auru - o- te - marowhara ab . Die großen Wellen an dieser Küste wurden nach ihr benannt. So heißt es im Sprichwort: „ *Tai- hau - auru.* " *ich whakaturia e Kupe ki te Maro-whara* . Als sie weitergingen, kamen sie an einem bestimmten Ort an, wo Ihenga in Abwesenheit seiner Gefährten alle ihre *Toheroa privat aß.*

„Wer hat unser Essen gegessen ?" fragte seine Begleiter.

"Woher soll ich das wissen?" sagte Ihenga .

„Warum, da war niemand außer dir. Du allein bist hier geblieben."

Deshalb nannten sie den Ort Kai-hu-a- Ihenga . Als sie unterwegs waren , kamen sie an einen Hügel. Es gab kein Wasser, und sie waren vor Durst ausgedörrt; Also wiederholte Ihenga ein *Karakia* , und dann stampfte er auf den Boden und eine Wasserquelle ergoss sich. Tauben flogen in Schwärmen herab, um das Wasser zu trinken. Deshalb wurde der Ort Waikereru (Waldtaubenwasser) genannt. Danach kamen sie zu einem Sumpf und einem kleinen Fluss. Ein Baum war über den Bach gefallen, den sie überquerten. Aber der Hund Potakatahiti wurde von dem darauf rollenden Baum getötet. Dann wiederholte Ihenga ein *Karakia* und sagte zum Baum : „ O Baum, der da liegt, hebe deinen Kopf, hebe deinen Kopf." [59] Und der Baum hob seinen Kopf. Als er später die Anhöhe erreichte, sah Ihenga einen Baum, der allein in der Mitte des Sumpfes stand. Es war ein *Totara-* Baum. Dann machte er durch die Kraft seines *Karakia* einen Weg für seinen Hund, damit er in den Baum hineingehen und dort für immer bleiben konnte . Und er sagte zum Geist des Hundes: „Wenn ich „ *Moi , Moi* " rufe, musst du mit „Au" antworten. Wenn ich „ ō, ō" *schreie* , müssen Sie mit „ō, ō" antworten. Wenn ich sage: „Komm, wir beide müssen weiter", sollst du antworten: „Geh, du, ich kann nicht kommen." Wenn später eine Reisegruppe hierher kommt und sich auf diesem Hügel ausruht, musst du, wenn du sie reden hörst, mit ihnen sprechen. Wenn die Reisenden sagen: „Lass uns gehen", solltest du „Geh" sagen. ' " So blieb der Geist des Hundes in diesem Baum wohnen; und seitdem verspottet es lebende Menschen der Generationen nach Ihenga , bis hin zu unserer Zeit.

Schließlich erreichte Ihenga Mataewaka am Kawakawa , wo sein älterer Bruder Warenga wohnte. Dort blieb er einen Monat, und als der Neumond erschien, gingen er und sein Bruder Warenga zum Te -See Tiringa zum Angeln. Es ist *inanga* wurden gefangen, von denen Ihenga einige in einem mit Wasser gefüllten Kürbis konservierte, damit er sie lebend nach Rotorua bringen konnte. Er fing auch einige *Koura* , kleine Flusskrebse, die er auf die gleiche Weise am Leben hielt. Nachdem dies geschehen war, trennten sich die Brüder.

Ihenga reiste über Waiomio und gab dabei den Orten Namen. Te Ruapekapeka wurde nach den Tausenden von Fledermäusen benannt, die dort in den Baumhöhlen gefunden wurden. Auch Tapuae-haruru , vom Lärm seiner Schritte. Die Söhne seines Bruders Warenga waren seine Gefährten. Sie machten die von Ihenga genannten Namen bekannt . Maiao war einer dieser Söhne. Der Sohn Maiaos war Te Kapotai , ein Vorfahre von Tamati Waka Nene.

Der Hügel Motatau wurde so genannt, weil Ihenga mit sich selbst redete. Als sie weitergingen, kamen sie an einen Fluss, wo Ihenga sein eigenes Bild im stillen Wasser sah, weshalb der Fluss Te Wai- whakaata -a- Ihenga (Ihengas Spiegel) genannt wurde. Sie kamen an einen anderen Fluss und gruben einige Würmer aus, um sie ins Wasser zu werfen. Der Fisch würde nicht zum Köder kommen. Dann warf Ihenga einen Teil seines *Inanga ins Wasser* . Dann rief er die Aale, aber sie kamen nicht. Er rief die *Inanga* und sie kamen. Er rief die Würmer und sie kamen. Dann rief er Tangaroa an und Tangaroa schickte die Aale. Die Rufart war eine *Karakia* . Als er weiterging, bestieg er einen Berg. Dort rief er Thunder an. Er begann mit seinem *Karakia* , und sobald es beendet war, wurde Donner geschickt, und ein Blitz traf den Gipfel des Berges, der immer noch Whatitiri oder Donner genannt wird.

Als sie in Whangarei ankamen, sammelten sie einige Muskeln von einem Schwarm und rösteten sie auf dem Feuer. Dieser Ort wird immer noch „ Te Ahi-pupu-a- Ihenga " (Ihengas Muskelfeuer) genannt.

Der Häuptling dieses Ortes war Tahu-whakatiki , der älteste Sohn von Hei . Als die Arawa Wangaparoa erreichten Tahu und sein jüngerer Bruder Waitaha gestritten . Also Tahu und seine Familie blieben zurück, während Waitaha und sein Vater im Arawa weiterzogen . Dann schiffte sich Ihenga in einem Kanu ein, das Te Whanau-a- Tahu gehörte . Zwei der Söhne von Tahu – Te Whara und sein jüngerer Bruder Hikurangi begleiteten ihn im Kanu. Sie berührten sich bei Taranga [60] und segelten an Hauturu [61] vorbei und erreichten Moehau .

Während eines Monats Ihenga blieb bei seinem Bruder Huarere und ging dann nach Maketu. Dort fand er seinen Schwiegervater, seine Frau Hinetekakara und seinen Sohn Tama-ihu-toroa . So blieb er kurze Zeit in Maketu und kehrte dann mit seiner Frau und seinem Sohn nach Rotorua zurück.

Das *Inanga , das er aus* Kawakawa mitgebracht hatte, legte er in den Bach Waitepuia bei Maketu. Bevor er nach Rotorua ging , fing er sie erneut, trug sie in einer Wasserflasche mit sich und legte sie in den See. aber die *Koura* legte er bei Parawai ins Wasser.

Kapitel VII.

Nur noch privat nulla naturâ , sed aut Veteran Beruf , ut qui quondam in vacua venerunt ; aut victoriâ ut qui bello potiti sunt; aut lege , pactione , conditione , sorte . – Cicero de Off., Lib. ICH , CH. vii.

Wenn Sie einen Neuseeländer nach seinem Landtitel fragen würden, wäre es schwierig, von ihm verlässliche Informationen über allgemeine Verfahrensregeln zu erhalten; denn er würde sofort einen bestimmten Fall in Betracht ziehen, an dem er persönlich interessiert war, und eine Antwort geben, die seinem Interesse daran entsprach. Dies kann teilweise auf die Unfähigkeit der Maori zurückzuführen sein , eine abstrakte Sichtweise auf alles einzunehmen, was bereits festgestellt wurde [62]. Aber es ist zweifellos aus diesem Grund, dass Personen mit kompetenten Kenntnissen ihrer Sprache auf der Grundlage der so erhaltenen Informationen unterschiedliche Meinungen zu diesem Thema geäußert haben.

Es gibt jedoch drei zuverlässige Quellen, aus denen solche Informationen bezogen werden können.

1. Aus *Maori*- Erzählungen, in denen nebenbei Angelegenheiten im Zusammenhang mit ihren Landtiteln erwähnt werden.

2. Aus Sprichwörtern, die sich auf die Landverteilung untereinander beziehen.

3. Von der Untersuchung von Eigentumsrechten bis hin zu zum Verkauf angebotenen Grundstücken oder bei Streitigkeiten untereinander.

In den frühen Tagen der Kolonie kam es häufig zu Streitigkeiten über Land, und der eine oder andere der Streitenden wandte sich oft an die Regierung.

Aus der vorstehenden *Maori*- Erzählung [63] erfahren wir, dass die Besatzung, nachdem das Kanu Arawa diese Insel erreicht hatte, nicht wie erwartet eine einheitliche und kompakte Siedlung an einem Ort bildete. Es werden die Namen von neun Häuptlingen aufgezeichnet, die sich nördlich und südlich der Stelle, an der das Kanu an Land gezogen wurde, zerstreuten und sich auf die Suche nach Land für sich und seine eigene Familie machten.

Von diesen Häuptlingen gingen drei nach Taupo, zwei nach Wanganui, einer nach Rotorua, einer nach Mercury Bay und einer nach Cape Colville; Gleichzeitig ließen sie einige Mitglieder ihrer Familien in Maketu zurück. In der dritten Generation wanderten zwei Teile der Familie, die sich um Cape Colville niedergelassen hatten, aus, der eine in die Bay of Islands und der andere nach Kaipara.

Aus der oben erwähnten Erzählung geht auch hervor, dass die auf diese Weise in Besitz genommenen Ländereien als rechtmäßiges Eigentum des ersten Besatzers und seiner Nachkommen angesehen wurden und dass umgehend einer großen Anzahl von Orten innerhalb der beanspruchten Grenzen Namen gegeben wurden, wobei diese Namen häufig so waren da sie von den Namen von Personen oder Dingen abgeleitet wären, denen eine gewisse Familienheiligkeit zugeschrieben wurde, und sie dadurch für die Familie heilig machen würden.

MANA.

Der Häuptling einer Familie, der unbesetztes Land entdeckte und in Besitz nahm, erhielt das sogenannte *Mana* des Landes. Dieses Wort „ *Mana* " bedeutet im gewöhnlichen Gebrauch Macht, aber in seiner Anwendung auf Land entspricht es in gewisser Weise der Macht eines Treuhänders. Daher *Mana* verlieh ihm die Macht, sich das Land unter seinem eigenen Stamm anzueignen, gemäß einer wohlbekannten Regel, die *als Tika* oder gerade galt . Eine solche Aneignung blieb jedoch, sobald sie erfolgt war, in Kraft und verlieh den Kindern und Nachkommen der Person, der sie auf diese Weise zugeteilt worden war, einen guten Titel. Das *Mana* des anerkannten Vertreters des Stammes hatte damals nur Macht über die nicht angeeigneten Ländereien, diese Macht wurde insbesondere Mana *rahi oder* großes *Mana genannt – das Mana* über angeeignetes Land befand sich im rechtmäßigen Besitz des Familienoberhauptes. Im Laufe der Zeit kam es zu Streitigkeiten und Kriegen zwischen verschiedenen Stämmen, so dass sich nahezu verbündete Stämme zur gegenseitigen Verteidigung und zum gegenseitigen Schutz zusammenschlossen ; und alle *Maori* Neuseelands wurden zu diesem Zweck in einige große Stämme aufgeteilt, von denen jeder im Allgemeinen die Besatzung eines der verschiedenen Kanus repräsentierte, aus denen die Wanderung von Hawaiki bestand. Da diese häufig miteinander Krieg führten, kam es vor, dass jeder Mann, der nicht einem bestimmten Stamm angehörte, in Bezug auf diesen als Tangata betrachtet *wurde ke* oder Fremder.

Viele haben aus vermeintlich guter Autorität bestätigt, dass kein Mitglied eines Stammes ein individuelles Recht auf einen Teil des Landes hat, der innerhalb der Grenzen seines Stammes liegt. Dies ist jedoch nicht der Fall, da Einzelpersonen manchmal ausschließliche Rechte auf Land besitzen, obwohl im Allgemeinen mehr oder weniger zahlreiche Familienmitglieder gemeinsame Rechte haben, unter Ausschluss des Rests des Stammes, auf die Landteile, die sie besitzen wurden ihren Vorfahren zugeschrieben. Ihre Sprichwörter über diejenigen, die zu Unrecht Grenzmarkierungen entfernen, zeigen dies, wenn andere Beweise fehlen würden.

Die Ländereien eines Stammes können hinsichtlich des Titels, den sie tragen, bequem in zwei umfassende Abteilungen unterteilt werden.

1. Die Anteile, die von Zeit zu Zeit Einzelpersonen und Familien zugeteilt wurden.

2. Das Stammesland bleibt unangemessen.

Wann immer Land formell durch einheimische Nutzung angeeignet wird, geht es nach wohlbekannten Regeln in die Familie seiner ersten Besitzer über, und das *Mana* des Vertreters des Stammes verliert jegliche Kontrolle darüber. Ihre Erbfolgegesetze tendierten natürlich dazu, den größten Teil dieser Ländereien zum Eigentum mehrerer Mitglieder derselben Familie als gemeinsame Pächter zu machen; aber eine Einzelperson konnte und wurde häufig alleiniger Eigentümer.

Die nie speziell angeeigneten Stammesländer gehörten allen und standen unter der *Mana* [64] oder der Treuhandschaft des Stammesvertreters.

Lange bevor unsere Kolonisten nach Neuseeland kamen, war Land nach Einschätzung *der Maori von großem Wert* und wurde in bestimmten Fällen als angemessenes Äquivalent oder als Entschädigung gegeben und empfangen.

also ein Frieden zwischen zwei Stämmen geschlossen wurde, wurde Land manchmal als eine Art Friedensangebot aufgegeben, aber in einem bemerkenswert gerechten Geist war es immer der Stamm, der am wenigsten gelitten hatte, der in solchen Fällen etwas Land gab, um den größeren zu entschädigen Kriegsverluste der anderen Partei.

Eine solche Art der Friedensschließung scheint im Falle eines Bürgerkriegs zwischen Divisionen desselben Stammes angewandt worden zu sein, insbesondere wenn er ohne Aussicht auf eine völlige Herrschaft einer der Parteien über die andere und mit der Überlegung geführt wird, zu verhindern, dass beide einen so schweren Verlust erleiden, wie dies der Fall wäre machen sie unfähig, mit einem gemeinsamen Feind fertig zu werden.

Auch im Falle eines Ehebruchs würde die verletzte Person ein Stück Land verlangen; und seine Forderung würde respektiert werden, denn das war die angemessene Entschädigung für den Schaden – Land für die Frau. Aber dann wurde manchmal eine List angewendet, denn wenn der Verletzte seinen Beruf annahm, konnte es sein, dass ihm sein Recht von einigen der Besitzer des Landes verweigert wurde, die absichtlich der Konferenz ferngeblieben waren, auf der es aufgegeben wurde. Und diese unfaire Praxis wurde manchmal als Präzedenzfall im Umgang mit den *Pakeha herangezogen* ; denn sie haben allzu oft die Bereitschaft gezeigt, Ländereien zu verkaufen, an denen sie nur ein gemeinsames Recht mit vielen anderen hatten, wohlwissend, dass diese anderen ihre Tat ablehnen würden.

1. Männliche Kinder erben das Land ihres Vaters, weibliche Kinder das Land ihrer Mutter.

So heißt es im Sprichwort : „ *Nga tamariki.* " *tane ka whai ki te ure tu , nga Tamariki Wahine ka whai ki te u-kai-po.* „Männliche Kinder folgen dem Mann, weibliche Kinder folgen dem Stillen in der Nacht.“

2. Wenn eine Frau einen Mann eines anderen Stammes heiratet – *er Tangata ke* – sie verliert das Recht, im Stamm ihrer Mutter zu landen.

So heißt es im Sprichwort : „ *Haere.* " *atu te wahine , haere Marokko .* „Die Frau geht, und zwar ohne ihren Kittel.“

3. Die Kinder einer Frau, die mit einem Mann eines fremden Stammes verheiratet ist, haben kein Erbrecht auf Land im Stamm ihrer Mutter.

So sagt das Sprichwort : „ *He iramutu.* " *tu ke Mai ich tarawahi awa* [65] – „Ein Neffe oder eine Nichte, die abseits auf der anderen Seite des Flusses stehen.“

Es gibt jedoch eine Bestimmung, die angewendet werden kann, um diese letzte Regel zu ändern. Wenn die Brüder der Frau darum bitten, dass eines oder mehrere ihrer Kinder – ihre *Iramutu* – in ihre Obhut gegeben werden und sie so gewissermaßen von ihren Onkeln adoptiert werden, werden sie wieder in die Stammesrechte ihrer Mutter aufgenommen hatte verwirkt.

Das Testament eines Neuseeländers.

Unter diesem Titel habe ich in einer früheren Veröffentlichung [66] eine wörtliche Übersetzung einer schriftlichen Mitteilung gegeben, die ich vom berühmten Wi Tamihana erhalten habe Tarapipipi von Matamata, wie folgt:

„Einem bestimmten Mann wurde ein männliches Kind geboren, dann ein weiteres männliches Kind und dann noch ein männliches Kind. Er hatte auch Töchter. Als der Vater dieser Familie schließlich im Sterben lag, versammelten sich die Söhne und Töchter sowie alle Verwandten, um seine letzten Worte zu hören und ihn sterben zu sehen. Und die Söhne sagten zu ihrem Vater: „Lass deinen Mund reden, o Vater, damit wir deinen Willen hören; denn du hast nicht mehr lange zu leben.' Dann wandte sich der alte Mann seinen jüngeren Brüdern zu und sprach so:

„Von nun an, o meine Brüder, seid freundlich zu meinen Kindern.“ Meine Kultivierung ist für meine Söhne. Dieses und jenes Stück Land ist für diesen und jenen Neffen. Meine Aalwehre, meine Kartoffelgärten, meine Kartoffeln, meine Schweine, meine Sklaven und meine Sklavinnen sind nur für meine Söhne. „Meine Frauen sind für meinen jüngeren Bruder.“

So ist die Verfügung über das Eigentum eines Menschen; es bezieht sich nur auf seine männlichen Kinder."

Daraus geht hervor, dass das Oberhaupt einer Familie ein anerkanntes Recht hatte, über sein Eigentum unter seinen männlichen Nachkommen und Verwandten zu verfügen, und dass sein kurz vor seinem Tod in Anwesenheit seiner zu diesem Zweck versammelten Familie geäußerter Wille die ganze Feierlichkeit besaß ein juristisches Dokument.

RAHI.

ist der Begriff, der auf einen Stamm angewendet wird, der von einem erobernden Stamm in einen abhängigen Zustand gebracht wird. Dieselbe Autorität sagt: „Hören Sie den Brauch in Bezug auf Ländereien, die durch das Eroberungsrecht gehalten werden, das heißt Ländereien, die den Tapferen (*kua) zum Opfer gefallen sind Riro ich te toa*). Angenommen, ein großer Stamm wird besiegt. Angenommen, dieser Stamm wird ein zweites und drittes Mal besiegt, bis der Stamm schließlich klein wird und auf einen mittelmäßigen Zustand reduziert wird. Dann wird es dazu gebracht, die Arbeit der Angehörigen zu erledigen – das Land zur Nahrungsgewinnung zu kultivieren, Aale zu fangen und Holz zu transportieren. Kurz gesagt, seine Männer werden wie Sklaven behandelt. In einem solchen Fall geht ihr Land in den Besitz des Stammes über, dessen Tapferkeit sie besiegt hat. Sie werden nicht daran denken, gegen ihre Herren zu kämpfen; weil ihnen die Kraft zum Kampf verloren gegangen ist. Sie waren nicht mutig genug, ihr Land in Besitz zu nehmen, und auch wenn ihre Zahl später zunehmen wird, werden sie keine Entschädigung für ihre früheren Verluste verlangen; denn sie haben Angst und sagen untereinander: „Lasst uns nicht mit diesem Stamm streiten, damit wir nicht ganz zugrunde gehen, denn es ist ein tapferer Stamm." ' "

William Thompson gehörte einem siegreichen Stamm an; Seine Gefühle haben daher eine natürliche Tendenz zugunsten des alleinigen Rechts auf die Ländereien des eroberten Stammes bei seinen Eroberern. Wenn jedoch ein Mitglied des besiegten Stammes zu diesem Punkt konsultiert würde , würden wir erfahren, dass er nicht alle Vorstellungen von einem Recht auf die Ländereien aufgegeben hatte, die er behalten durfte und die er dann besetzte. Man könnte sich auf Fälle beziehen, in denen der besiegte Rest eines Stammes die Macht wiedererlangt hatte, die ausreichte, um das Land, das ihm früher gehörte, wieder in Besitz zu nehmen; und in allen Fällen, in denen die Eroberer das Land ihrer Nebenflüsse verkauft haben, haben sich diese dem Recht der Verkäufer widersetzt, darüber zu verfügen, ungeachtet ihrer eigenen Interessen daran.

NGATI-HANUI.

Eines Tages stießen ein Häuptling namens Hanui und sein Reisegefährte Heketewananga mit dem alten Häuptling Korako zusammen, der in einem hohlen Baumstamm saß, den er in eine vorübergehende Bleibe umgewandelt hatte. Dann sagte Hanuis Gefährte: „Ich werde Wasser auf den Kopf des alten Mannes gießen, um ihn zu entwürdigen (wörtlich: damit sein Wachstum gehemmt wird)." Hanui war unzufrieden; Denn der alte Mann war sein Cousin, der Sohn des jüngeren Bruders seines Vaters Maramatutahi , und das war der Grund für seinen Unmut über die Worte seines Gefährten. Aber dieser Heketewananga blieb hartnäckig. Er wollte nicht auf Hanuis Zorn hören , sondern kletterte auf den Baum, um Wasser auf den Kopf des alten Mannes zu gießen. Und als er das getan hatte, verspottete er den alten Mann. „Ho! ho! Nun ist dein Wachstum wegen meines Wassers gehemmt; denn dein Kopf ist mit Wasser bedeckt."

Damit machten sich Hanui und sein Gefährte auf den Weg. Als sie weg waren, machte sich auch Korako auf die Suche nach seinem Sohn. Als er das Ufer des Flusses Waikato erreichte, sah er auf der anderen Seite des Flusses einige Jungen, die in der Nähe ihres *Vaters spielten* , und rief ihnen zu: „Geht und sagt Wainganui , er soll ein Kanu für mich bringen." „Wir werden ein Kanu mitbringen", sagten die Jungen. Aber der alte Mann sagte: „Nein. Ich möchte nicht, dass du das Kanu mitbringst. Rufen Sie Wainganui an . Er selbst muss das Kanu mitbringen." Also gingen die Jungen und sagten zu Wainganui : „Dein Vater ruft dich, damit du mit einem Kanu zu ihm fährst." "Warum bist du nicht gegangen?" sagte Wainganui . „Wir haben angeboten, das Kanu zu ihm zu bringen", sagten die Jungen, „aber er war nicht bereit. Er sagte, dass du das Kanu zu ihm bringen sollst." Also stieg Wainganui in ein Kanu, und als er die andere Seite des Flusses erreichte , rief er seinem Vater zu, er solle zu ihm herunterkommen. Aber sein Vater sagte: „Kommst du hierher an meine Seite?" Also verließ Wainganui das Kanu und ging zu seinem Vater; denn er wusste, dass er ihm etwas Wichtiges zu sagen hatte. Dann setzte er sich neben seinen Vater und sagte: „Was bedeutet das, was du getan hast?" Der Vater sagte: „Mein Sohn, mir wurde von deinem Onkel Hanui und von Heketewananga Unrecht zugefügt ." „Was für ein Unrecht?" fragte der Sohn. „Mein Unrecht", sagte der alte Mann – „ mein Unrecht." Heketewananga kletterte auf mein Haus und ließ mir Wasser auf den Kopf laufen – gleichzeitig verspottete er mich: „Ho!" ho! Dann ist Ihr Wachstum gehemmt. ' " Da sagte der Sohn zu seinem Vater: „ Ha! Sie wurden von diesen Männern beinahe ermordet. Ihre Tat soll gerächt werden. Ihre Köpfe werden bald von meiner Waffe getroffen werden. „ Dann drehte er sich wütend um , ging zurück zu seinem Kanu und kehrte zum … zurück *Pa* .

Ohne Zögern rief er den ganzen Stamm zusammen und teilte ihnen alles mit, was sein Vater ihm erzählt hatte. Nachdem der Stamm gehört hatte, was seinem alten Häuptling Unrecht angetan hatte, versammelten sie sich nachts, um zu beraten, und beschlossen, am nächsten Morgen loszugehen, um diese Männer zu töten. Dann zogen sie sich zurück, um sich auszuruhen. Bei Tagesanbruch standen sie auf, bewaffneten sich in ihrer Zahl von dreihundertvierzig und machten sich auf den Weg zum *Pa* in Chanui .

Die Männer in diesem *Pa* waren mehr als sechshundert. Als sie sahen, dass die bewaffnete Gruppe die *Pa* angreifen wollte , stürmten die sechshundert zum Kampf los, und draußen kam es zu einer Schlacht. Die Männer der *Pa* wurden zurückgedrängt und die Eroberer drangen mit ihnen ein. Während die Männer der *Pa* niedergeschlagen wurden , rief Wainganui Hanui zu : „Sei schnell, Hanui , klettere auf das Dach deines Hauses, du und deine Kinder und eure Frauen." Also kletterten Hanui , seine Kinder und seine Frauen auf das Dach ihres Hauses. Aber die meisten Männer seines Stammes wurden getötet, einige blieben nur noch als *Rahi zurück* , in welchem Zustand sie sich nun befinden.

TAPUIKA.

Es kann vorkommen, dass ein Stamm von einem Erobererstamm aus seinem Land vertrieben wird, der viele Jahre lang im Besitz des eroberten Landes bleibt, aber seinerseits mit Hilfe von Stämmen vertrieben wird, die mit den ursprünglichen Besitzern des Landes verbündet sind . Es stellt sich dann die Frage, welche Rechte die verbündeten Stämme in den zurückgewonnenen Ländern erlangen. Auf einen Fall dieser Art bin ich aufmerksam geworden: Ich wurde angewiesen, für die Regierung ein mittelgroßes Stück Land in Maketu zu erwerben, um es als Missionsstation zu nutzen. Da ich auf diesem Land ein Haus auf der Grundlage eines bloßen Besitzrechts gebaut hatte, oder wie es auf Maori heißt : „ *Noho noa. "iho* " und dort einige Zeit gelebt hatte, dachte ich natürlich, dass die Personen, auf deren Einladung hin mein Haus dort errichtet worden war, die Personen waren, denen das Land gehörte. Daher wurde mit ihnen eine Vereinbarung über den Kauf des benötigten Grundstücks getroffen und ein Preis vereinbart. Eines Nachts, kurz nachdem ich aus dem Schlaf geweckt wurde , klopfte es an der Tür meines Hauses. Meine Besucher waren eine Abordnung von einigen Mitgliedern des Tapuika- Stammes , die einen kleinen *Pa* unterhalb meines Hauses am Flussufer hatten, in einiger Entfernung vom großen *Pa* an der Flussmündung. Ihre Aufgabe bestand darin, mich zu warnen, den Kauf des Grundstücks nicht abzuschließen, da die Personen, mit denen ich einen Vertrag geschlossen hatte, nur deren Bewohner und nicht deren Eigentümer seien; wohingegen ihr Stamm Tapuika die Besitzer waren und das *Mana* des Landes ihrem Häuptling Te gehörte Koata . Sie kamen nachts, weil sie nicht wollten, dass ihre Einmischung öffentlich bekannt wurde, da dies zu Streitigkeiten führen würde. Und es sorgte tatsächlich für Streit, als ihr nächtlicher Besuch und sein Zweck am nächsten Morgen öffentlich gemacht wurden. Es kam jedoch zu einem guten Ergebnis, denn man kam überein, dass die Frage des Titels der Entscheidung der Häuptlinge aller Arawa-Stämme überlassen werden sollte.

Daraufhin traf sich eine Generalversammlung der Stämme in Rotorua, als sich herausstellte, dass das Land, das ich kaufen wollte, innerhalb der alten Grenzen von Tapuika lag . Aber mehrere Generationen vor der Gegenwart waren die *Pa* bei Maketu vom feindlichen Stamm Ngatiawa eingenommen worden , und die Arawa- Stämme, darunter Tapuika , waren von der Meeresküste nach Rotorua und anderswo vertrieben worden. Als der Flachshandel mit Sydney in vollem Gange war, durften viele der Arawa-Eingeborenen zurückkehren, um Flachs zu sammeln und an einen Händler namens Tapsell zu verkaufen, der in Maketu stationiert war. und schließlich vertrieben die vereinten Arawa- Stämme Ngatiawa und eroberten das Land ihrer Vorfahren zurück. Sie ließen sich dann in großer Zahl in Maketu nieder, grenzten einige von ihnen durch Grenzen ab und nahmen Land, das ursprünglich Tapuika gehörte , für ihre eigene Nutzung in Besitz. Tapuika erhob dagegen keine Einwände, sagte aber nun, dass das so genommene Land lediglich für ihre Besetzung aufgegeben worden sei und dass das *Mana* ihres Häuptlings Te Koata über das Land war nie aufgegeben worden.

Die Entscheidung der Häuptlinge der Arawa , zu der Te Koata , der anwesend war, stimmte zu, dass die Tapuika ihr Land ohne die Hilfe anderer Arawa- Stämme nicht hätten zurückgewinnen können und dass das Land von Tapuika , das von den kämpfenden Männern der vereinten Stämme in Besitz genommen worden war, nun diesen Männern gehörte, oder ausgedrückt in ihren eigenen Worten: „ *kua Riro ich te toa* “, war zu den Mutigen gegangen.

Diese Entscheidung war wichtig, da sie einen wertvollen Präzedenzfall im Umgang mit Ländern mit ähnlicher Lage anderswo in Neuseeland darstellte – ein Präzedenzfall, der bei den *Maori immer ein starkes Argument darstellte* .

DIE FRÜHEN SIEDLER.

Als Ausländer, von den Einheimischen *Pakeha genannt* , zum ersten Mal nach Neuseeland kamen, wurden sie von den *Maori bereitwillig aufgenommen* , um unter ihnen zu leben. Es war ihnen erlaubt, Land durch Kauf zu erwerben und Bündnisse mit ihren Familien einzugehen; und die Kinder solcher Verbindungen wurden als zum Stamm ihrer Mutter gehörend betrachtet. Sie wurden nie als Angehörige eines fremden Stammes behandelt – als *Tangata ke . Tăku pakeha, toku Matua* , mein eigener *Pakeha* , mein Vater waren die gebräuchlichen Begriffe, mit denen ihr Beziehungsgefühl bezeichnet wurde.

Es ist nicht verwunderlich, dass jeder Stamm auf diesen Inseln zunächst darauf bedacht war, *Pakeha*- Siedler bei sich zu haben, und bereit war, ihnen die Privilegien der Stammesangehörigen zu gewähren, denn durch sie konnten sie das erhalten, was sie von der Welt am meisten schätzten Waren. Als es jedoch zu Meinungsverschiedenheiten zwischen den beiden Rassen kam, insbesondere über Land, und es zu Krieg kam, änderten sich die Gefühle derjenigen, die zu den Waffen griffen, und ihre alten Freunde, die *Pakeha , wurden nicht mehr als Matua oder Väter* angesehen , sondern eher als Matua *Tangata ke* oder Fremde.

DER WAITARA-STREITIG.

Maori ist es eine anerkannte Vorgehensweise , wenn ein Häuptling von anderen seines eigenen Stammes mit Unwürdigkeit behandelt wurde und keine sofortige Wiedergutmachung möglich ist, damit dieser eine Handlung begeht, die insgesamt Ärger bringt Stamm. Diese Art der Wiedergutmachung wird „ *whakahe* " genannt und bedeutet, dem anderen Unrecht zuzufügen. Seltsamerweise erregt dieses sehr gefährliche Handlungsprinzip, egal welche großen Übel damit verbunden sind, den Respekt und nicht den Tadel des gesamten Stammes für die Person, die es anwendet.

Als ich vor einigen Jahren, nicht lange bevor der Krieg in Waikato ausbrach, in der Nähe von Matamata war, hörte ich in einem Gespräch mit einem Häuptling von Ngatihaua , der am Krieg bei Taranaki teilgenommen hatte, dass Teira den Verkauf von Waitara vorschlug bestand darin, Genugtuung für eine Beleidigung zu erlangen, die Wi Kingi ihm im Zusammenhang mit einem privaten Streit zugefügt hatte. [68] Ich hatte nie Gelegenheit, die erzählten Fakten zu überprüfen, aber sie enthielten nichts Unwahrscheinliches, und nach dem Brauch *der Maori* erklärten sie, dass Teira so gehandelt hatte, wie er es getan hatte.

Das so zum Verkauf angebotene Land umfasste schätzungsweise etwa 600 Acres, die in früheren Jahren vollständig dicht besiedelt und auf eine große Zahl von Einzelpersonen und Familien verteilt waren. Es entsprach daher dem Charakter unserer Abteilung Nr. 1. Teira und diejenigen, die ihm näher standen, boten an, die gesamten sechshundert Acres zu verkaufen, entgegen dem Wunsch von Wi Kingi und anderen, die Rechte an dem Land beanspruchten.

Dass Kingi und seine Partei erhebliche Ansprüche auf Teile dieses Landes hatten und dass dies der ursprüngliche Grund für seinen Widerstand gegen den Verkauf war, geht aus mehreren Briefen hervor, die damals von Einheimischen als eine Art Protest geschrieben wurden, insbesondere aus einem von Riwai Te Ahu, in dem er sagt: „Der Grund, warum Wiremu Kingi und seine Partei so viele Einwände erhoben, als Teira vorschlug, den Ort an den Gouverneur zu verkaufen, war die Angst, dass ihr und unser Land als zu Teira gehörend angesehen werden könnten." ."

Ein einflussreicher und gut unterstützter Häuptling hat sich zweifellos häufig so verhalten, als könne er über große Landstriche verfügen, ohne andere zu konsultieren, die darin Rechte hatten. Aber er dachte nie daran, das Recht geltend zu machen, die Rechte anderer, die nicht am Verkauf beteiligt waren, *völlig außer Acht zu lassen*. Im Gegenteil, der Häuptling und diejenigen, die das Kaufgeld geteilt hatten, sagten zu anderen Antragstellern, die keinen Teil der Zahlung erhalten hatten, dass sie entweder mit einer zukünftigen Zahlung zufrieden sein sollten (denn es handelte sich um eine allgemeine, wenn auch unhöfliche Angelegenheit). und schlechte Sitte, bei solchen Transaktionen in Raten zu zahlen), oder dass sie selbst beim Käufer die Zahlung ihrer Zinsen beantragen könnten oder dass sie an ihren eigenen Zinsen festhalten könnten.

Hätte er vor der Zahlung eines Teils des Kaufgeldes an Teira die Grenzen der von ihm und seiner Gruppe beanspruchten Teile der sechshundert Acres abstecken müssen, wäre die *Probandi-Verantwortung* dem richtigen Mann auferlegt worden. Man hätte dann herausgefunden, dass diese Teile abgetrennt waren und unterschiedliche Formen und Größen hatten und in einigen Fällen nur über schmale Pfade erreicht werden konnten, und dass einige seiner Grenzen umstritten waren. Aus all diesen Gründen wäre das, was er rechtmäßig hätte verkaufen können, für die Besetzung unserer Kolonisten von geringem Wert gewesen.

Aber zusätzlich zu jedem Anspruch von Wi Kingi und anderen, die er vertrat, auf das Eigentum an Teilen der sechshundert Acres, die Teira zum Verkauf angeboten hatte , hatten sie ein weiteres Recht, nicht in ihren Besitztümern gestört zu werden, was offenbar nicht der Fall war damals berücksichtigt.

Wenn der Te Die Ati-awa- Stämme waren entschlossen, die Cook-Straße zu verlassen und in das Land ihrer Vorfahren um Taranaki zurückzukehren. Sie hatten immer noch Angst vor ihren alten Feinden, den Ngatimaniapoto . Deshalb wurde zwischen ihnen zu ihrer größeren Sicherheit vereinbart, dass sie eine gemeinsame Siedlung am Südufer des Waitara bilden sollten – und so den Fluss zwischen sich und dem gemeinsamen Feind legen. Nehmen wir also an, dass Wi Kingi und seine Abteilung des Stammes an dem so besetzten Ort durch altes Recht kein Land besaßen, das ihnen tatsächlich gehörte, so hatten sie aufgrund der getroffenen Vereinbarung ein Recht erworben, ein Recht, das durch alten Brauch der Eingeborenen anerkannt wurde Sie hatten ihre Mühe darauf verwendet , Häuser zu bauen, das Land einzuzäunen und das Land zu kultivieren, und deren Störung konnte zusammenfassend nur als beleidigende Handlung angesehen werden. Wir haben auch gesehen, wie im Zusammenhang mit dem Streit zwischen Tapuika und den Arawa- Stämmen allgemeiner Konsens zu dem Schluss kam, dass letztere ein dauerhaftes Recht auf die Ländereien erworben hatten, die sie unter ähnlichen Umständen besetzt hatten.

Es scheint wenig Grund, daran zu zweifeln, dass Teiras Vorschlag, Waitara zu verkaufen , von einem rachsüchtigen Gefühl gegenüber Wi Kingi ausgelöst wurde; denn er wusste genau, dass er durch ein solches Vorgehen diejenigen verwickeln würde, die mit ihren europäischen Nachbarn nicht einverstanden waren . Gleichzeitig ist es eine ziemlich beschämende Überlegung, dass die kluge Politik eines *Maori- Häuptlings die Kolonie und die Regierung Ihrer Majestät in* einen langen und kostspieligen Krieg verwickelt hat, um seinen eigenen privaten Streit zu rächen.

ANHANG.

BEZIEHUNGSBEDINGUNGEN DER MAORI.

TUPUNA.

Ein Vorfahre – männlich oder weiblich.

MATUA.

Ein Vater oder Onkel, entweder patruus oder avunculus .

PAPA.

Das gleiche.

WHAEA .

Eine Mutter oder eine Tante auf beiden Seiten.

TAMA .

Ältester Neffe.

TAMAHINE .

Älteste Nichte; wird auch allgemeiner verwendet.

TAMAITI .

Sohn oder Neffe.

TAMAROA.

Das gleiche.

TUAKANA .

Älterer Bruder der Männchen, ältere Schwester der Weibchen; auch Kinder des älteren Bruders in Bezug auf die Kinder des jüngeren Bruders, Kinder der älteren Schwester in Bezug auf die Kinder der jüngeren Schwester.

TEINA .

Der jüngere Bruder der Männchen, die jüngere Schwester der Weibchen; auch die Kinder des jüngeren Bruders in Bezug auf die Kinder des älteren Bruders, die Kinder der jüngeren Schwester in Bezug auf die Kinder der älteren Schwester.

TUNGAN .

Der Bruder einer Schwester.

TUAHINE .

Die Schwester eines Bruders.

IRAMUTU .

Ein Neffe oder eine Nichte.

HUNGAWAI .

Ein Schwiegervater oder eine Schwiegermutter.

HUNAONGA .

Ein Schwiegersohn oder eine Schwiegertochter.

TAOKETE .

Der Schwager eines Mannes oder die Schwägerin einer Schwester.

AUTANE .

Der Schwager einer Frau.

AUWAHINE .

Die Schwägerin eines Mannes.

POTIKI .

Die Kinder eines Bruders oder einer Schwester; auch das jüngste Kind einer Familie.

MOKOPUNA.

Ein Enkelkind oder Kind eines Neffen oder einer Nichte.

HUANGA .

Eine Beziehung im Allgemeinen.

WHANAUNGA -TUTU.

Eine Blutsverwandte.

ARIKI.

Der erstgeborene Mann oder die erstgeborene Frau.

WAEWAE .

Der jüngere Bruder eines Mannes: buchstäblich der Fuß.

HAMUA .

Syn. Tuakana .

MARONUI .

Ein verheirateter Mann oder eine verheiratete Frau.

TAKAKAU.

Ein einzelner Mann oder eine einzelne Frau.

POUARU.

Eine Witwe.

PUHI.

Eine verlobte Frau, ebenfalls eine Frau von hohem Rang, die von der Ehe ausgeschlossen ist.

ER WAHINE TAUMARO.

Eine verlobte Frau. Hinweis: Es gibt einen Unterschied zwischen einem *Puhi* und einem *Wahine Taumaro*. Die verlobte Frau ist ein *Puhi* in Bezug auf die Einwilligungserklärung ihres Vaters und ein *Wahine Taumaro* in Bezug auf die Zustimmung ihres zukünftigen Schwiegervaters zu der Vereinbarung.

WORTSCHATZ

EINIGE MAORI-WÖRTER, DIE EINER ERKLÄRUNG bedürfen.

IHI hat das Gefühl von *Tapu*, wenn es in *Karakia* oder Anrufungen von Geistern auftritt.

KAHUKAHU, der Geist des Keims eines Menschen: auch *Atua noho -whare* oder hausbewohnender *Atua genannt*. Verbi *kahukahu* significatio simplex est panniculus; et panniculus quo utitur feminin menstrualis Nein, meins *kahukahu* dicitur κατ' ἐ ξοχ ἠ ν. Apud populum Novæ Zelandæ Kreditur sanguinem utero sub tempus menstruale Effusum Kontinuierlich Germina hominis; et secundùm præcepta Veteris superstitionis panniculus sanguine menstruali imbutus Habebatur sacer (*tapu*), haud ein Liter quàm si formam humanam accepisset : mulierum autem mos est hos panniculos intra juncos parietum abdere ; et hâc de causâ Parteien Europäische Sommerzeit Domûs pars adeo sacra ut nemo illi innixus sedere audeat.

KARATIA. Dieses Wort, das im Allgemeinen mit „Charme" wiedergegeben wird, bedeutet nicht, was das Wort „Charme" im landläufigen Sinne bedeuten würde. Das Wort „Anrufung" gibt seine Bedeutung besser wieder; denn es ist ein Gebet, das an die Geister verstorbener Vorfahren gerichtet ist und in seiner Form einer Litanei ähnelt.

KAUPAPA, jemand, den der Geist eines Vorfahren besucht und der sein Kommunikationsmittel mit den Lebenden ist.

PUKENGA , ein Geist, der Autor oder erster Lehrer jedes *Karakia* .

TAPAIRU , jeder sehr heilige Ahnengeist: wird manchmal auch auf das weibliche *Ariki angewendet* .

TAUIRA , EINE PERSON, DIE VON EINEM *Tohunga* oder vom Geist eines Elternteils oder Vorfahren unterrichtet wird . Er musste sich einem mehrtägigen strengen Fasten unterziehen, bevor ihm irgendein wichtiges *Karakia beigebracht wurde* .

TIPUA oder TUPUA , der Geist eines Menschen, der zu Lebzeiten für sein kraftvolles *Karakia bekannt war* .

TIRI , ein Streifen Flachsblatt oder *Zehenspitze* , der so platziert ist, dass er als imaginärer Weg für einen *Atua dient* . Im Krankheitsfall wird ein *Tiri* über dem Kopf der kranken Person aufgehängt, um dem *Atua* , der die Krankheit verursacht, den Abgang zu erleichtern. Ein *Tiri wird auch in der Nähe des Kaupapa* aufgehängt , wenn er möchte, dass sein *Atua* ihn besucht. Es wird auch zur Bezeichnung des bei solchen Anlässen verwendeten *Karakia verwendet* .

TOHUNGA , ein Experte in *Karakia* , aber auch jemand, der sich mit jedem Handwerk auskennt.

TUAHU , ein heiliger Ort, an dem Speiseopfer – Erstlinge – für die *Atua* niedergelegt wurden.

WANANGA , der Geist eines jeden, der zu Lebzeiten das *Karakia* seiner Vorfahren gelernt hatte: Als also ein *Tauira* starb, wurde er ein *Wananga* .

TE KARAKIA

Mo te Pikinga o Tawhaki ki te Rangi .— *vid.* P. 23 .

Piki ake Tawhaki ich te ara kuiti

Ich whakatauria ai te ara o Rangi ,

Te ara o Tu- kaiteuru .

Ka kakea te ara Was ist das ?

Ka kakea te ara wa-rahi ,

Ko te ara ich whakatauria ai

Te zu tupuna Ao-nunui ,

Aß _ Ao-roroa ,

Aß _ Ao-whititera .

Tena ka eke

Kei zu Ihi ,

Kei zu Mana,

Kei nga mano o runga ,

Kei o Ariki,

Kei o Tapairu ,

Kei o Pukenga ,

Kei o Wananga,

Kei o Tauira .

TE TUKU O HINE-TE- IWAIWA. – *vid.* **P.** 28 .

Raranga , Raranga tăku Takapau ,

Ka pukea e te warte ,

Hei Moenga Mo aku rei.

Ko Rupe , ko Manumea,

Ka pukea : ē! ē!

Mo aku rei tokorua ka pukea .

Ka pukea au e te warte ,

Ka pukea , ē! ē!

Ko koro taku tane ka pukea .

Piki ake hoki au ki runga nein :

Te Matitikura , ē! ē!

Ki a Toroa Irunga ,

Te Matitikura , ē! ē!

Kia whakawhanaua aku tama

Ko au anake ra.

Tu te turuturu no Hine- rauwharangi ;

Tu te turuturu no Hine - te - iwaiwa .

Tu ich für dich tia me ko Ihuwareware ;

Tu ich für dich kona me ko Ihuatamai .

Kaua Rangia au e Rupe .

Kei tauatia , ko au te inati ,

Ko Hine -te - iwaiwa .

Tuku iho Irunga ich ton huru ,

Ich tue es upoko ,

Ich oder Tara-Pakihiwi ,

Ich tue es ähm ,

Ich habe gegessen,

Ich oder Turipona ,

Ich oder Waewae .

E tuku ra ki waho .

Tuku-Mutterschaf,

Tuku nimm ,

Tuku parapara .

Naumai ki waho .

KARAKIA

Mo te Wahine ich pakia Nga du i te Whanautanga o te tamaiti .— *vid.* P. <u>39</u> .

Nga puna Irunga te Homai ,

Te ringia ki te matamata

Das sind Sie _ Wahine ;

Te kopata ich te Rangi te homai

Hei Whakato Mo nga u

O tenei Wahine :

Ki te matamata o nga u

O tenei Wahine :

Nga u atarere reremai

Ki te matamata o nga u

O tenei Wahine :

Nga u atarere Tukua Mai .

Tenei hoki te Tamaiti te tangi nei ,

Te aue nei ich Te po nui ,

Ich te po roa .

Ko Tu - te - awhiawhi ,

Ko Tu -te - pupuke ,

Naumai ki ahau,

Ki tenei Tauira .

KARAKIA

Mo te whakapikinga o te ara o te tupapaku ana ka mate, kia tika ai te haere ki nga mea Kua Kumpel _ imua .— *vid.* P. 44 .

Tena te ara , ko te ara o Tawhaki ,

Ich piki ai ki te Rangi ,

Ich kake ai ki tou Tini ,

Ki tou mano:

Ich möchte Ai Koe ,

Ich taemai ai to wairua oder ein

Ki tou kaupapa .

Tenei hoki ahau

Te mihi atu nein ,

Te Tangi Atu nei

Ki zu Wairua Kumpel.

Puta purehurehu Mai

Nach putanga Mai ki ahau,

Ki zu kaupapa ,

Ich piri Mai ai koe ,

Ich Tangi Mai Ai Koe .

Tena te Tiri ,

Ko te tiri ao tupuna,

Ko te Tiri a nga Pukenga ,

Und Wananga ,

Aku, ein Tenei Tauira .

HE WHAKAMURI- AROHA. – *vid.* P. 47 -8.

Ein Hass hau e maene ki to kiri ?

E kore erbse koe e ingo mai ki to hoa ,

Ich piri ai korua Ich nach Korua Moenga ,

Ich awhi ai korua ,

I tangi ai korua .

Tena taku aroha

Kumpel _ hau e kawe ki a koe ,

Huri mai bis Aroha,

Tangi Mai Ki zu Moenga ,

Ich moe ai korua .

Kia pupuke – a – wai to aroha.

TE POROPORO-AKI A TAMA-TE- KAPUA. – *vid.* P. 53 .

E papa nga Rakau ich Runga Ich bin ein Koe ,

Mau ake te Whakaro ake . Ae, Ae.

E haere nga Taua ich te ao nein ,

Mau e patu . Ae, Ae.

Fußnoten

[1] La Cité Antique von De Coulange .

[2] Juventus mundi, S. 203.

[3] Max Müller, „Wissenschaft der Sprache." Farrar, „Kapitel über Sprache", S. 6.

[4] Zuhause . Abb., 2-484. Aufruf . an Musen:—

Sage es mir jetzt, ihr Musen, die ihr im Olymp wohnt;

Denn ihr seid Göttinnen und seid gegenwärtig und wisst alles,

Aber wir hören nur Gerüchte und wissen nichts.

[5] Hekabe, l. 533-9.

[6] Dessen Frau war Hine- titamauri de quâ infra.

[7] Dessen Frau war Puhaorangi de quâ infra.

[8] Tamatea ließ sich in Muriwhenua nieder und sein Sohn Kahuhunu wurde dort geboren. Letztere begab sich auf eine Reise nach Nukutauraua in der Nähe des Mahia und heiratete dort Rongomai-wahine , nachdem sie ihren Ehemann Tamatakutai durch Handwerk losgeworden war . Tamatea wollte ihn nach Hause bringen, aber bei ihrer Rückkehr geriet ihr Kanu in einer Stromschnelle ins Wanken, nahe der Stelle, an der der Fluss Waikato aus dem Taupo-See mündet, und Tamatea ertrank.

[9] Dieses *Karakia* ist das älteste Exemplar seiner Art. Es wird heute als Hinweis auf eine friedliche Beilegung eines Streits verwendet.

[10] Ha=kaha.

[11] *(1, 2, 3)* Quaedam partes corporis genitales .

[12] *Katahi ka tohungia e Tane ki tona ure* .

[13] Sie alle waren Vorfahren der Rasse der Mächte der Nacht.

[14] *Er oti , ka rere te Wahine : Ka anga ko te pane ki raro , tuwhera tonu nga Kuwha , Hamama tonu te Puapua .*

[15] *„ Heikona , e Tane, hei kukume ake Ich bin ein Taua hua ki te Ao ; Kia haere au ki raro hei kukume ich ho Ich bin ein Taua hua ki te Po. ”*

[16] Video. Genealogische Tabelle.

Es ist zu beobachten, dass Homer einigen seiner Helden besondere Ehre zuteilt, die offenbar die männlichen Vertreter ihrer Rasse waren, etwa Agamemnon aus der Rasse der Pelops und Aeneas aus der Rasse des Assaracus . Zu jedem von ihnen wird erwähnt, dass er von seinem Volk als Gott verehrt wurde. „ Θε ò ς δ' ὣ ς τ ί ετο δ ή μ ῳ ." Unter den Maori wurden diese Häuptlinge durch den Titel *Ariki ausgezeichnet* .

[17] Homer gibt ihnen den Titel „ ἄ ν αξ ἀ νδρ ῶ ν ", deren alte Bedeutung Gegenstand vieler Untersuchungen war. Herr Gladstone (Homer and Homeric Age, Bd. I, S. 456) sagt: „Mir scheint, dass diese Zurückhaltung bei der Verwendung des Namens , ἄ ν αξ ἀ νδρ ῶ ν ' nicht ohne ein Gefühl der Ehrfurcht gegenüber war." Es;" und er schlägt das Wort Häuptling als passenden Vertreter vor. Könnte seine ursprüngliche Bedeutung nicht ähnlich der von *Ariki gewesen sein* ?

[18] Hæc Anzeige Erguss aquarum sub tempus partûs spectant .

[19] Der Name eines mächtigen *Karakia* .

[20] *Turuturu* , eine scharfe, spitze Stütze, von der zwei im Boden befestigt sind und als Rahmen für das Weben von Matten dienen – wird auch von Frauen während der Entbindung als Halt verwendet.

[21] *(1, 2)*
Namen der unteren Teile des Bauches.

[22] Rupe oder Maui- mua , Schwager von Hine- teiwaiwa .

[23] An das ungeborene Kind gerichtet.

[24] Die alte Dame, von der die Rede war, war Hine-nui-te-po, die Mutter der weiblichen Vorfahrin der Menschheit.

[25] *(1, 2, 3)*
Namen verschiedener Teile der Decidua.

Zur Überlieferung von Tuhuruhuru und anderen hier erwähnten Namen
[*] vid. Herr Geo. Greys „Mythology and Traditions of New Zealand", S.
39 ff.

In den *Maori*- Manuskripten, von denen das Obige eine Übersetzung
ist, sind die Namen der Vorfahren des Häuptlings des Stammes, auf
den Bezug genommen wird, in genealogischer Reihenfolge aufgeführt,
werden hier jedoch weggelassen.

[26] Entwirren Sie das Gewirr, entwirren Sie das Verbrechen,

Binde *Manuka los* , lass es los.

Fern obwohl Rangi ,

Er ist erreicht.

[27] Eine so genannte *Karakia* .

[28] Hier ist von der Durchtrennung der Nabelschnur die Rede.

(1, 2)

[29] Bei diesen Worten steigt die weibliche *Ariki* über das Kind und nimmt
es dann in die Arme.

Bezüglich des Brauchs, die Hände in die Höhe zu heben, während man
[30] zu den Göttern betet, vergleiche Hom : Il. Lib. 3 273 und weitere
zahlreiche Beispiele.

[31] Geister auf dem Weg zum Nordkap sollen in die Blätter von *Wharangi*
, *Makuku* und *Oropito gekleidet sein* .

[32] Video. ähnliches Konto. „ Traditionen und Aberglaube der
Neuseeländer", S. 150, ff.

[33] Mit *Kokowai* oder Rotocker.

(1, 2, 3, 4)
[34]
Namen der Feenhäuptlinge.

[35] Verbindungspunkt von Wirbelsäule und Schädel.

[36] Unteres Ende der Wirbelsäule.

[37] Omen wurden aus der Bewegung des toten Körpers abgeleitet. Das Wort Fisch oder Kanu wird oft symbolisch für einen Mann verwendet.

[38] Damm und Kopf gelten als die heiligsten Teile des menschlichen Körpers.

[39] Die *Ueta* ist ein Hauch von Unkraut oder Gras, mit dem der Anus der Leiche abgewischt wird. Anschließend wird es an einen Stock gebunden und als Talisman getragen.

[40] Das Haupthaar wurde bei dieser Zeremonie an einem Stein befestigt, und die Heiligkeit des Haares sollte auf diesen Stein übertragen werden, der einen Vorfahren darstellte. Der Stein und die Haare wurden dann zum heiligen Ort der *Pa getragen* .

[41] *Uwha* , die Muschelschale, die zum Haareschneiden verwendet wird.

[42] *Kohukohu* , die Kükenkrautpflanze, in deren Blätter die heilige *Kumara* eingewickelt war.

[43] Daher der Name *Horohoronga* (=Schlucken), der der Zeremonie gegeben wird. Es ist anzumerken, dass der charakteristische Name, der verschiedenen Zeremonien gegeben wurde, auf einige damit verbundene bemerkenswerte Umstände zurückzuführen ist — so wird ein heiliger Ofen aufgrund der Blätter der Pflanze, in die die *Kumara* eingewickelt war, *Kohukohu* genannt : &c.

[44] Kearoa und Whaka-oti-rangi waren beide heilige weibliche Vorfahren — Ehefrauen von Ngatoro und Tama — und repräsentierten die *Ruahine* , deren Verschlucken zur Entfernung des *Tapu erforderlich war* . Das *Tapu* oder die Heiligkeit von Kahu sollte auf das *Kohukohu übertragen werden* , und als dieses von den Ahnengeistern gegessen wurde, wurde das *Tapu* bei ihnen deponiert.

[45] *Maihi* sind die beiden schräg am Vordergiebel eines Hauses angebrachten Bretter. Wenn das Holz eines heiligen Hauses versehentlich als Brennholz zum Kochen verwendet würde, würde sich jeder, der das so gekochte Essen aß, eines Verbrechens schuldig machen und von den *Atua mit Krankheit oder Tod* bestraft werden .

[46] *Turakanga* (=Niederwerfen) war eine Zeremonie, bei der ein Stock, der den Weg des Todes symbolisieren sollte, niedergeworfen wurde. Gleichzeitig wurde eine Form von *Karakia verwendet.*

[47] Video. Sir G. Greys „Mythologie und Traditionen", S. 63.

[48] *Ngakoa* waren Opfergaben von Fisch und anderen Nahrungsmitteln an die *Atua* .

(1, 2, 3)

[49] Verschiedene Arten von Blasinstrumenten, die der Flöte ähneln, sich jedoch in ihrer Länge unterscheiden.

[50] Siehe „Traditionen und Aberglaube", S. 68.

[51] *Porohi* , ein kleiner Fisch des Sees.

[52] Tama-te-kapua .

[53] *Toheroa* , eine Muschelart.

[54] *Hinau* , Beere von Elœocarpus dentatus .

[55] *Hue* , ein kleiner Kürbis.

[56] *Para* , eine Farnart mit einer knolligen Wurzel.

[57] *Aua* , ein Fisch, der dem Hering ähnelt.

[58] S. 75 .

[59] „ *Te Rakau und Takoto „Nei , Tungou , Tungou* " sind die *Maori-* Wörter. *Tungou* = ἀ ν ανε ὑ ω – ein Zeichen der Meinungsverschiedenheit bei den Griechen, aber das übliche Zeichen der Zustimmung bei den *Maori* .

[60] Die Inseln Hen und Chickens.

[61] Die Insel Little Barrier .

[62] P. 5 .

[63] *(1, 2)*
Video. CH. v.

[64] In letzter Zeit ist es üblich geworden, das *Mana* ihres Landes Matutaera , dem Maori- König, oder einem einflussreichen Häuptling, dem sie vertrauen, zu übergeben, mit dem Ziel, es vor geheimen Verkäufen zu

schützen, die durch die Handlungen von Maori häufig geworden sind Spekulanten im Land. Die Agenten, die für Kapitalmenschen handeln, die sich auf solche Spekulationen einlassen, sind immer bereit, einen Geldvorschuss als Kaution für Land anzubieten, und wenn ein *Maori* , insbesondere ein unvorsichtiger junger Mann, unsere Städte besucht, kann er allzu oft nicht widerstehen Die Versuchung, Gold für die bloße Unterschrift seines Namens zu gewinnen. Wenn jedoch eine solche Transaktion dem Stamm bekannt wird, verursacht sie viel Herzschmerz und Ärger; Aber nachdem das dünne Ende des Keils auf diese Weise eingeführt wurde, folgen bald andere dem Beispiel, bis schließlich eine Art erzwungene Zustimmung eingeholt wird, das Land, um den gebräuchlichen Ausdruck zu verwenden, durch das Landgericht der Regierung zu übergeben . Es ist daher nicht verwunderlich, dass dieses Gericht bei ihnen keinen guten Ruf genießt, insbesondere da sie festgestellt haben, dass ein großer Teil des Kaufgeldes durch Kosten für Gutachten, Gerichtskosten und Anwaltsgebühren verschlungen wird .

[65] Dieses Sprichwort wurde auch im Kriegsfall als ausreichender Grund dafür verwendet, eine solche Beziehung nicht zu schonen.

[66] Traditionen und Aberglaube der Neuseeländer. Bearbeiten. 2, S. 271.

[67] Paora Te Ahuru .

www.ingramcontent.com/pod-product-compliance
Lightning Source LLC
LaVergne TN
LVHW091205180726
843490LV00007B/2582